主动性区域游戏探索与实践

◎王　燕・著

西安交通大学出版社
XI'AN JIAOTONG UNIVERSITY PRESS

图书在版编目（CIP）数据

主动性区域游戏探索与实践 / 王燕著 . ——西安：西安交通大学出版社，2023.5

ISBN 978-7-5693-2343-6

Ⅰ . ①主… Ⅱ . ①王… Ⅲ . ①游戏课－教学研究－学前教育 Ⅳ . ① G613.7

中国版本图书馆 CIP 数据核字（2021）第 223144 号

书　　名　主动性区域游戏探索与实践
　　　　　ZHUDONGXING QUYU YOUXI TANSUO YU SHIJIAN
著　　者　王　燕
责任编辑　张瑞娟
责任校对　于睿哲

出版发行　西安交通大学出版社
　　　　　（西安市兴庆南路 1 号　邮政编码 710048）
网　　址　http://www.xjtupress.com
电　　话　（029）82668357　82667874（市场营销中心）
　　　　　（029）82668315（总编办）
传　　真　（029）82668280
印　　刷　湖南省众鑫印务有限公司

开　　本　710mm×1000mm　1/16　印张　13.25　字数　212 千字
版次印次　2023 年 5 月第 1 版　2023 年 5 月第 1 次印刷
书　　号　ISBN 978-7-5693-2343-6
定　　价　78.00 元

自序

自从《幼儿园教育指导纲要（试行）》和《3—6岁儿童学习与发展指南》颁布以来，学前教育的内涵边界逐渐走向开放，开始要求时间、空间、材料、组织的开放，培养德、智、体、美、劳素养的全面发展，实践“整合教育”理念，提倡为幼儿提供开放、丰富而且多样的环境，在游戏化、生活化的课程中，让幼儿可以自由选择、自主探索、主动学习。

近年来，我园将区域游戏作为探索适合幼儿成长发展的教育模式，深入研究其科学开展的指导策略，从未停止探索、学习的步伐。万事开头难，探索就意味着结果有成功或者失败，虽然道路蜿蜒曲折，但大家始终义无反顾地前行。从开始对区域游戏理解不透彻、不会投放材料、不知道怎么指导，到后来全区域的开放、混龄区域的开展，我们在区域游戏中不断收获着。每一次的教研、实践都让老师们体会到了发展、激励、成长和喜悦，因此在2015年，我们出版了《幼儿园常规区域指导》一书。这本书是西铁二幼的团队对于区域游戏开展经验的总结，也是对于我们已有成果的梳理。在区域游戏的开展过程中，教师们的教育理念和教育方式在逐渐改变，经历了几年的探索和研究，在以环境创设、材料投放、主题与区域融合的专题研究中，逐渐形成了有园本特色的区域游戏。

从2016年起，我们开始梳理园本文化，回顾幼儿园的发展脉络。20世纪90年代，我园为隶属于西安铁路局的企办园，在社会化大生产背景下，我园提出了“解决铁路职工的后顾之忧，保障职工安全生产”的发展方向。但随着新时期的发展，迈入新世纪之后，我们逐渐意识到“发展方向不等于教育理念”，当时的理念具有时代局限性。因此，在结合特色历史、教师认知、教师专业能力、发展愿景等因素的基础上，我们保留了原有的“铁路文化”，并尝试在课程中注入新的课改理念，推进多元化格局的形成，开展了蒙氏教育、奥尔夫音乐教育等，开始注重幼儿的全面发展和终生发展。在2013年我园被评为省级示范幼儿园后，团队再一次对幼儿园的现状及当下教育形势、发展挑战等方面进行分析和思考，摒弃主流的功利教育思想，用全新的视角去解读幼儿，展望未来，同时结合“自然主义”思想，遵循幼儿生命成长的规律，保障幼儿在教育和成长中的主动地位，形成了“自然习得、还原本真、尊重天性、舒展灵性”的办园理念。我园恪守“尊重守护、润泽绽放”的园训，坚持“自主自信、合作共情、尝试探索、创造想象”的幼儿培养目标，打造“师德立身、终生学习、反思创新、勤勉求精”的教风，使园所的特色内涵根据发展实际不断丰富。

“自然习得、还原本真、尊重天性、舒展灵性”的教育理念就是要求教师尊重幼儿、理解幼儿，这也促使我开始思考教育的主体究竟是什么。

在幼儿的眼中，大自然、社会、家庭、父母都是息息相关的。他们来自不同的家庭，有着不同的兴趣。每个幼儿都是独特的、富有个性的，他们可以在自己和教师共同创设的自由而丰富的环境中，以自己特有的方式来了解、探索、修正、发展原有经验，重构新的经验，获得全面发展。幼儿多是好动的，是喜欢有事可做的。他们喜欢忙碌、愿意思考，喜欢研究、愿意操作，喜欢做自己感兴趣的事情。他们每天都在忙于自己的“工作”，在活动中与材料互动，不断探究，并从中获得满足，体验成功感。他们更喜欢挑战新事物、新材料、新玩具，这些能引起他们极大的兴趣。幼儿是喜欢尝试的，他们喜欢做从未做过的事情，他们不惧怕失败，他们喜欢大胆地设想，他们会竭尽所能寻找不同的方法来解决问题。幼儿是有学习能力的，他们是主动的学习者，幼儿能够选择用自己的方式进行学习和游戏。

从哲学层面上来说，幼儿完整的生活、游戏体验，以及对世界、对个体的思考是紧密相连的，这些都体现了儿童思考与学习的整体性和完整性。我们所强调的“幼童本位”，本质上就是儿童哲学观的再现。幼儿的学习与发展脱离不了文化，他们不仅传承着文化，同时也创造着文化。

从那时起，我开始告诉教师要俯下身子去倾听幼儿的声音，观察他们的游戏。走近他们后，我们发现，当幼儿拥有自主权和自由时，他们的思维是开阔的，情绪是愉悦的。于是，我们有了重新审视幼儿游戏的想法，静下心来，继续观察他们的游戏，记录他们的语言，倾听他们的需要，借此寻找他们学习的兴趣点，主动性区域游戏便缘此而生。

在主动性区域游戏中，幼儿可以完全自主地选择活动内容、活动材料、活动场地和活动伙伴，并按自己喜欢的方式进行主动学习。在游戏中他们学会友好相处、彼此信任，在宽松、愉悦的环境中，快乐地游戏，积极地创造，自主地发展。而教师们也在教研与改变中不断成长，在探索路上结出硕果。尤其随着幼儿自主性的发展，我们逐渐发现教育的内容与形式开始回归到幼儿的游戏与生活之中。在主动性区域游戏中，我们看见了孩子，找到了游戏，发现了理念。经过教师们的几番讨论，大家决定改变原有的教师预设主题的模式，基于“自主尊重”的园所文化，从幼儿的游戏出发，重新确定课程主题，并试图沿着他们玩游戏时的兴趣点和进展脉络，将幼儿学习与生活的轨迹有序地铺陈开来，期待课程线索能与他们的需求吻合，在幼儿游戏过程中与其互动，唤起他们内心深处的喜悦与感动，使课程回归幼儿的生活，主动性游戏课程就此应运而生。

教育是平凡且伟大的，我们应该在教师这种平凡和伟大的岗位上潜心思考。回顾团队一起走过的教育历程，虽然每一步都走得那么艰辛，但每一个改变又显得那么珍贵和有意义。“本真教育”是我们想要最终达到的一种文化和理念，我们将会潜心笃行、共同发展。

王　燕

写于 2020 年 6 月

前　言

> 教育是一块希望与挣扎并存的土地——希望拥有更好的生活，同时为了解、装扮和获得美好生活上下求索。相信自己能成为历史的创造者，而不单单是人类宏大戏剧表演的表演者。
>
> ——比尔·艾尔斯（Bill Ayers）

21世纪是全球深刻变革的时代，世界在向前、在发展，在迈进一个崭新的、有创造力的未来。新的技术、新的教育、新的发明让我们立足变革，甚至引领变革。教育的影响极其深远，它影响我们如何教育下一代，如何塑造人的思维和行为，还影响他们如何塑造社会的未来。因而从某种意义上来说，教育是一切变革的先锋。

学前教育是要培养人适应变革、适应未来世界的能力。但在当前一些功利教育思想的影响下，为迎合家长、社会的要求，幼儿经常要面对某些重复而枯燥的“学习”。他们本应在与自然、社会、材料的接触中，在自由自主的游戏中，感知、认识、探索和理解，结果却被重复枯燥的“学习”和“游戏”挤压了成长的时间，失去自主探索和自由认识世界的机会。

与此同时，很多西方理念或是课程开始在本土呈现出“你方唱罢我登场”的现象，从蒙氏教育到瑞吉欧的方案教学，从应用多元智能理论的课程模式到奥尔夫音乐教育……这些课程模式都曾在国内产生影响并大范围风靡，而且无一例外地，这些课程模式也在进入国内后进行了本土化实践，在运用中面临过困境。陈鹤琴先生针对20世纪二三十年代的情况就曾指出："现在中国所有的幼稚园，差不多都是美国式的……但因为两国国情上的不同，在我国采用起来到底有许多不妥当的地方，所以他们视为好的东西，我们用起来未必都是优良的。"经过几十年的改革开放，中国学前教育在借鉴和探索中已经彻底改变了以往的模式，随着学前教育理念不断发展，终身学习和可持续发展已成为学前教育最重要的目标。"幼童本位"的思潮让越来越多的教育者开始思考：为什么教师预设好的内容不能引起幼儿的兴趣？是因为这些活动的创设并没有真正考虑"幼童本位"，没有从幼儿是如何学习的角度出发。教师预设的活动大部分忽视了幼儿的兴趣和需要，或者对他们来说是一些无意义的活动，而教师之所以预设这些，是想让幼儿通过活动为幼儿今后的学习做好准备，而不是真正为了幼儿的成长与发展。这种预设也限制了教师在以幼儿的兴趣和需要为前提的游戏组织上进行思考，发挥创造力。

在强调学业成绩的大环境下，找到"幼童本位"理念的发展之路，是幼儿园、家庭、乃至社会要面对的一个重大的挑战。而在我们目前的大部分教育形式中，幼儿教师的大部分时间都专注在开展以教师为主导的活动上，而不是把有效的时间用在使幼儿参与有意义的活动探索上。

在现实活动中，很多教师对于幼儿是如何学习的并没有深入了解。他们不能很清楚地对自己的教育行为进行思考，也无法讲述出实践背后所包含的教学理念与原则。即便他们理解自己所做的，也不太理解为什么要创设这样的环境来组织这样的游戏。虽然专家们都认为幼儿在玩中能学得更好，但是实施这种玩中学的课程对教师们来说，却是一个很大的挑战。对于如何创设以幼儿为中心、能够促使他们深度思考的建构性环境，教师们总是缺乏适当的教学策略和方法。实际上，他们首先需要理解幼儿的学习，并且要对幼儿的需求和兴趣很敏锐地做出回应，以此来支持幼儿的学习与游戏。这就要求教师们具有丰富的理论知识及较强的反思性实践能力。

科学研究表明，主动学习在人的一生中发挥着至关重要的作用。皮亚杰认为，幼儿是通过与外部人、事、物的接触，而去"构建"或"建造"他们的知识，通过直接体验探索世界、了解世界。因此，主动学习这一理念的提出正是基于科学家、心理学家及教育学家对幼儿发展的理论研究。"儿童的知识来自他们与各种思想的互动，来自他们对物体和事件的直接经验，同时也来自他们把逻辑思维应用到这些经验的过程中。”因此，主动学习就是“幼儿通过直接操作物体，在与成人、同伴、观点及事件的互动中，建构新的理解的学习过程”。幼儿通过自己的主动学习获取经验并建构知识；教师通过促进幼儿主动学习，发展其自我意识、社会责任感和独立意识。

如何去实践在主动学习中“让孩子们具有高度的热情和广泛的兴趣”？如何在游戏中培养幼儿日后在社会生活和团队领导方面所需的计划能力、反思能力、创新精神和批判性思维？如何使我们的未来小公民乐于终身学习，并具备终身学习所需的各种品质？如何培养幼儿的合作及解决问题能力，学习与他人一起游戏和工作？……这些是作为教育者的我们要去认识并不断反思的问题，因此《主动性区域游戏探索与实践》一书应运而生。本书共五章，分别梳理了我园的区域游戏发展历程及对主动性区域游戏的探索、主动性区域游戏环境的创设、主动性区域游戏的组织方法、主动性区域游戏的支持策略及主动性游戏课程。

第一章新理念的孕育　探索游戏的启航。该章主要讲述了我园从2003年至今对区域游戏的探索实践历程，可以看到教师们的教育观念如何从“设计游戏”走向了“自主游戏”，以及在改变游戏活动的理念方面，走过的弯路与遇到的困惑。同时，该章中也介绍了在探索的路程上对于我们有启发的高宽课程及海森高主动学习游戏的理念，阐述了何为“主动学习”、“主动学习”中的教师角色变化、主动学习对于幼儿发展的意义和如何改变理念的最初实践。

第二章主动性区域游戏环境的创设。该章重点围绕主动性区域游戏环境创设进行阐述，探讨了支持幼儿主动学习的环境对于幼儿学习的作用，从区域设置、材料投放、区域规则及区域标识四个方面介绍主动性区域游戏环境。该章还通过教师的实践案例，详细介绍了创设主动性区域游戏环境及材料投放的策略。教师要为幼儿提供一个安全的、有教育意义的、社会化的环境，使幼儿能自然地离开家庭，自信地在幼儿园中学习。这种环境是适宜幼儿发展的、具有挑战性的并促使他们井然有序地开展活动的学习环境。因此，环境的创设应是自由的、开放的，而材料应该是安全干净和维护良好的，要符合幼儿的兴趣并满足其发展需求，能让幼儿进行多种类型的游戏和操作。

第三章主动性区域游戏的组织方法。该章详细介绍了主动性区域游戏的基本组成部分。同时，该章探讨了教师应该如何在主动性区域游戏的组织过程中，为幼儿提供相应的支持，运用多种策略使幼儿的主动性区域游戏成为有效的学习经验，并让幼儿在游戏中获得积极的发展。“计划—工作—整理—回顾”是整个主动性区域游戏的核心，每一个环节都关键又独特。幼儿在游戏中发展的，诸如积极主动、独立解决问题、与他人合作等素质与能力会一直陪伴幼儿并影响其接下来的学习生涯，甚至会决定其一生的思维和行动模式。

第四章主动性区域游戏的支持策略。研究和实践证明，师幼互动是影响教育质量的关键因素。该章重点讲述了在主动性区域游戏中教师的角色定位，以及教师与幼儿互动的方法策略。在主动性区域游戏中，教师是支持者、观察者、合作者，他们需要倾听、鼓励、支持幼儿，要与幼儿分享控制权，通过互动来为幼儿提供必要的支持，搭建发展的鹰架，促进幼儿不断接近最近发展区。主动性区域游戏为教师提供了一系列策略支持教师与幼儿之间的互动。该章运用实践案例帮助教师去了解这些策略的用法与基本步骤。教师要通过创设共享控制的学习氛围、关注幼儿的优点、发展师幼真实的互动关系、支持幼儿的游戏及用鼓励代替表扬等多种方式，使幼儿根据自己的兴趣和爱好，与教师、同伴积极合作来进行游戏。

第五章主动性游戏课程。该章主要探讨了如何将“主动学习”的理念从区域游戏延伸到幼儿的生活、学习和运动之中，让“主动学习”贯穿幼儿的一日生活。教师们对应该如何有效平衡“教师指导”与“幼儿自主学习”，如何针对不同内容采取不同教学方法，及如何有效地把教育内容传递给幼儿这些问题进行了实践，为困惑于“如何教”和“教什么”的教师和反思性教学实践者提供了一些思路和方向。幼儿一日生活的各环节有不同的学习目标，而同一类型活动中的不同学习内容也有不同的学习目标，其中有些学习目标的达成要靠幼儿主动获取经验，而另一些学习目标的达成则离不开教师的引导与支持。“儿童主导”和“成人主导”这两种学习过程并非相互排斥，而应同时存在并相互呼应。对于教师来说，无论是“儿童主导”还是“成人主导”的活动，教师都要创造一个支持性的环境，并运用一些策略。该章通过案例探索了教师如何推动幼儿在主动性游戏课程中的发展。

为了更好地让教师了解这些措施如何运用到实际的游戏中，在每一章的最后都呈现了我们在实施主动性区域游戏活动中发生的鲜活案例，在这些案例中可以看到幼儿发展的变化、教师行为的突破，也能看到我们逐步将“主动理念”落实到幼儿一日生活中的实践过程。

在不断探索“主动学习”理念落地的过程中，我们发现幼儿只有在自由、自主的游戏探索中才能萌发兴趣、解决问题、积累经验，潜移默化地形成主动性、计划性、坚持性等学习品质，满足个体发展的需求。通过对主动性区域游戏的探索，我们在实践与反思中重新看待幼儿，发现幼儿不是只会等待、需要被灌输的教育容器，而是积极主动且有自主学习能力的学习者；教师也不是真理的掌握者，而是幼儿童年的守护者。教师要做的，不是把真理教给幼儿，而是要与幼儿一同学习，陪伴和支持他们成长。依赖教材、注重集体教学、强调规范统一不再是课程的重点，教学实践应从改造环境、理解游戏精神入手。幼儿园的课程需要关注幼儿、关注生活、关注游戏、关注体验，追随兴趣和发展的需要生成教育教学活动。

这仅仅是让孩子迈出了主动成长的第一步，至于如何进一步落实“主动学习”的游戏精神，不断转变教师的儿童观、游戏观、价值观和课程观，我们还需要继续实践。“主动学习”理念的推进，还面临很多的发展与挑战，需要我们坚持不懈地学习与思考！

目 录

第一章

新理念的孕育 探索游戏的启航

> 幼儿园的活动安排和教学策略要符合儿童的自然节奏，不要试图或不成功地强迫儿童进入人为、模仿、商业催生的成人世界……立刻停止对儿童的不断催促。幼儿园一日生活要有充裕的时间，让儿童有时间对事物好奇，有时间仔细看，有时间分享交流，有时间关注最重要的东西。
>
> ——奇普·伍德（Chip Wood）

近二十多年来，区域游戏或活动区游戏作为我国幼儿园课程的重要组成部分，在幼儿园日常教学中的地位日益重要，许多幼儿园纷纷探索有效开展区域游戏的策略和方法。区域游戏是幼儿园采用的一种积极的、以幼儿为中心的、分布式的和个别化的教育教学形式，同时也是幼儿重要的自主活动形式。具体而言，它是指教师在一定的时间和空间内设置各种区域，提供或投放各种游戏或学习材料，幼儿则在一定程度上可以按照自己的兴趣、意愿和需要选择活动内容和方式，彰显自己的主体性、主动性。因此，区域游戏能够弥补传统幼儿园集体教学的不足，给幼儿提供有针对性的、个别化的教育，从而真正关注并尊重幼儿的个别差异，让他们在与周围环境的互动中进行自主学习与探索。幼儿园区域游戏的有效开展对贯彻《3—6岁儿童学习与发展指南》精神、促进幼儿主动发展具有重要意义。

在区域游戏理念不断发展的今天，幼儿园不再简单借鉴和模仿欧美国家区域游戏的经验，而开始把目光投向区域游戏或活动区游戏背后的教育哲学和教育理论，关注其知识基础和价值诉求，开始走向一种反思的、以儿童为中心的教育实践。从2003年起，我们便开始了追寻构建幼儿自主游戏的园本实践之路。

第一节　区域游戏的探索与历程

19世纪英国著名的社会学家、哲学家和科学教育的倡导者赫伯特·斯宾塞说过：“必须记住我们学习的时间是有限的。时间有限，不只由于人生短促，更由于人事纷繁。我们应该力求把我们所有的时间用去做最有益的事情。”作为一所有着近30年历史的公办幼儿园，我们是从做“最有益的事情”开始进行幼儿园游戏研究的。从2003年开始，我园走过了一条曲折的游戏探究之路。

◎第一个阶段：初创期（2003—2006）

2001年《幼儿园教育指导纲要（试行）》颁布，文件中明确提出“幼儿园教育应尊重幼儿身心发展的规律和学习特点，以游戏为基本活动”。因此在这个阶段，我们开始针对区域游戏进行初步尝试。

在初创期，虽然我们通过转变教师的教育观念，树立了游戏化活动的意识，但教师对游戏的认识较为浅显，大部分教师的游戏观念不强，认为游戏就是自由地玩，仅是心理的愉悦和精神的放松，不知道怎么组织游戏，特别是区域游戏。这时的角色游戏往往像教师导演的“一出戏”，或者作为“放羊”的手段，或者作为学习知识的“工具”。游戏与教学泾渭分明，游戏常常作为一个独立的环节而存在。因此在这个阶段，我们只是给幼儿游戏的机会，保证幼儿每天有一定的游戏时间。

◎第二个阶段：摸索期（2006—2014）

在成功晋升为西安市一级幼儿园之后，我们开始思考对于幼儿来说，究竟什么是游戏，该怎么游戏。在充分学习《幼儿园教育指导纲要（试行）》之后我们发现，游戏不仅仅是自由地玩，还应让幼儿在“玩中学、玩中思”，通过游戏提升幼儿的创造力和社会性。尤其随着国外各种教育研究和理论思想源源不断地进入国内，幼儿在活动中的主体地位得到进一步重视与发展，其主体性在活动中的基本特性与根本动力被日渐突出与强化，个体的主观能动性、创造性和意志力在儿童主体观中体现得更明显。

2010年开始，我国学前教育事业迎来了发展的美好春天，面临着良好机遇和严峻挑战。《3—6岁儿童学习与发展指南》和《关于规范幼儿园保育教育工作、防止和纠正“小学化”现象的通知》的相继发布，显示出国家对于学前教育的重视。借助学前教育的大发展，我园也于2013年以优异的成绩晋升为省级示范幼儿园，发展又面临着新的变化和挑战。在这个过程中，我们也不断地思考与反思，虽然前期的教育理念遵循着“以幼儿为本”，但对于教育的终身发展关注度还不够，尤其是在游戏活动中还存在更关注幼儿基本知识技能获得的情况。

在这个阶段，我们开始寻求专家引领，针对区域游戏的材料投放、环境创设、教师的指导语言等方面逐一进行研究，尝试如何将游戏灵活地贯穿到主题实施过程中，探究游戏化教学策略。依托陕西省教育科学“十一五”规划课题“区域游戏中材料投放有效性的实践与研究”和陕西省教育科学“十二五”规划课题“主题活动下区域游戏的实践与研究”，有的放矢地对区域游戏进行深入、细致的探索，挖掘发挥游戏教育作用的最佳策略，研究在游戏组织过程中发挥教师主导和幼儿主体的双主体作用。

◎第三个阶段：发展期（2014年至今）

当我国的学前教育逐步与世界接轨时，我们也开始有机会重新审视原有的游戏模式，并尝试借鉴国内外先进的学前教育经验，将之内化并运用，使其适合我园发展的需要。提升教育质量除了要关注幼儿园的物质环境，还要关注幼儿园的软环境，也就是教师的教育素养。我们试图探索出一种既能让教师自如开展，又能为幼儿所喜欢的活动，而区域游戏恰好是这样的活动。但是在实践游戏的过程中，我们逐渐发现，现有的区域游戏存在以下问题：

(1) 区域游戏成功开展的基础，在于材料投放的适宜性。丰富、有挑战性且动态变化的操作材料，才能够吸引幼儿的注意力，促使其积极参与游戏。然而目前大部分区域游戏中投放的材料缺乏可探究性，没有充分发挥幼儿想象力和创造力的空间，幼儿在游戏中没能充分感知和改造材料。面对这种材料，幼儿只能单纯地按照要求，去拼出或者摆出预设的形状。随着任务的结束，这类材料的功用也随之消失，其看似完美的结构却将幼儿阻挡于探索的大门之外。

（2）忽略了幼儿选择的自主性。幼儿园的区域游戏是充分发挥幼儿自主性的平台，但是在现实的区域游戏中却频频出现教师作为“控制者”，不由自主地帮助幼儿选择活动内容的情况。教师在组织活动时总认为若按照幼儿的想法去选择活动区，势必会形成“热门区域”或“冷门区域”，因此教师经常会将幼儿分成各小组，使各活动区的人数均衡。而“入区卡”的使用，虽然能减少教师的主动控制，但也会出现部分幼儿没进入理想区域的情况，而这些幼儿往往会被教师安排进人数少的区域。这些情况下，教师未关注幼儿内心的需求，忽略了幼儿自主选择的权利，无形中制约了幼儿主动探索的兴趣。

（3）教师指导片面化。在区域游戏实施中，一些教师缺乏明确的角色定位，将自身定位为区域游戏的管理者，没有耐心地等待和观察，而是过多或过早地干涉幼儿的活动。在幼儿进行区域游戏时，若出现幼儿为了活动材料争吵抢夺、幼儿因为找不到适合自己的区域而迷茫或幼儿在活动中遇见瓶颈而困扰的情况，大部分教师会急于给出“命令”般的指引，“帮助”幼儿立即解决目前的困境。看似圆满解决的背后，却隐藏着诸多问题，如教师在缺乏细致观察的情况下便草草给出指令，急于把现成的结论告诉幼儿，阻碍了幼儿探索新知识，使其主动探索能力得不到有效提升。还有的教师将幼儿开展区域游戏的时间视为自己的休息时间，实施过程中仅维持活动秩序，对幼儿在活动中解决具体问题缺乏支持……教师的这种种举动，完全弱化了其作为“引导者”的作用，使得其在区域游戏中错失了促使幼儿进一步提升自我的时机。

（4）评价环节形式化。很多时候，由于幼儿园一日生活安排中给幼儿安排的开展区域游戏的时间很少，时间一到，教师便急匆匆催促着幼儿立即放下手中的材料，慌忙进行下一个环节。教师没有给予幼儿调整情绪的时间，影响了幼儿进行区域游戏的整体效果，也忽视了整理游戏材料这一环节对幼儿产生的积极作用。与此同时，教师在区域游戏结束后的评价环节，通常也是草草了事，造成整个活动“虎头蛇尾”。部分教师在进行评价时，通常依据自己已有的经验对幼儿进行点评，笼统的话语缺乏系统性和完整性，对幼儿的具体表现及幼儿的情绪、能力及语言等方面缺乏观察和思考，进而削弱了区域游戏的整体效果。

发现这些问题和困惑后，我们开始反思：既然游戏是幼儿的天性，幼儿在游戏中应该是自由的，真实自然地展示自己，但我们现在的游戏为什么成了孩子发展的束缚？幼儿的游戏到底是什么样的？基于《幼儿园工作规程》《幼儿园教育指导纲要（试行）》《3—6岁儿童学习与发展指南》这些文件，我们开始寻找真正属于幼儿的游戏的踪影……

第二节 游戏内涵的思考与学习

游戏，对孩童来说，不仅仅是玩的代名词，他们不仅可以有趣地玩，还可以在玩中学。游戏一直存在于幼儿的成长过程中，它是幼儿思考、想象、观察、探索、创造、学习的方式之一，是幼儿理解并适应周围世界的途径。

反复研读《幼儿园工作规程》《幼儿园教育指导纲要（试行）》《3—6岁儿童学习与发展指南》之后，我们发现这些文件强调游戏是幼儿的基本活动，让幼儿在快乐的学习中增长智慧、获得发展，遵循幼儿发展的规律与特点，满足幼儿的兴趣与需要；幼儿将通过亲身参与、直接感知体验来学习。

转变教育理念，是一件复杂又困难的事情。在我们不知道该如何将先进教育理念转化为教育行为时，向书本学习无疑是最直接可行的途径。于是，我们开始大量阅读书籍，汲取国内外幼教研究的先进理论与资讯。在阅读了《尊重幼儿的意愿》《名家儿童观中的教育之道》《进入方案教学的世界》《幼儿园三位一体课程的实践和探索：六要素法的运用》《高宽课程的理论与实践：学前教育中的主动学习精要——认识高宽课程模式》《发现儿童的力量》《探索孩子心灵的世界》《热情投入的主动学习者——学前儿童的学习品质及其培养》《孩子的一百种语言》《好教育探索丛书：好课程：如何设计？》《孩子是脚，教育是鞋：芭学园教育理念和经典课程》《支架儿童的主动学习：经历 经验 经典》《幼儿园：教什么？怎么教？“耶鲁一期”美国研修手记》《美国学前教育课程实践指南》等书籍后，教师们提出了一个个问题：

◎如果教师自己弹性地安排幼儿的一日生活和教学活动，教学管理人员该怎样去检查？家长怎样了解幼儿在园内的学习情况呢？

◎如果让幼儿自主服务、自我管理，生活环节该怎么去组织呢？

◎如果游戏中提供锤子、锯子、钉子、螺丝刀等这些真实的工具，家长认可这些不安全因素的存在吗？幼儿出了安全事故怎么办？

◎如果根据幼儿的兴趣定主题，那怎样才能捕捉幼儿的兴趣？

◎如果进行小组活动，同一个故事要给不同组的幼儿反复讲，这样的话，教师的工作量是不是太大了？

◎如果教师去观察记录幼儿，怎么样保证能观察到每一个幼儿呢？

◎到底什么是“真”游戏呢？

……

可见这些不同的理念和方法，对教师的教育思想和教育行为形成了巨大的冲击。大家都感到有些茫然。面对林林总总的问题，教师们开始反思以往的教育行为。

以下是教师们的探讨与分享。

杨老师：园长曾多次强调过一句话：“我们要尊重孩子，要把孩子当独立的人看，要对每个孩子好。”我们一直以来都是贯彻“一切为了幼儿”，我们没把孩子当成独立的人看吗？我们对孩子不好吗？但是仔细想想，我们只是蹲下来和孩子说话，平等、耐心地对待每个孩子，但每个孩子的学习方式、独特个性，我们确实没有关注到。

王老师：常说游戏贯穿于一日生活之中，怎样贯穿？是真游戏还是假游戏？谁在游戏，教师还是孩子？如果连教师都不喜欢游戏，她能带孩子一起游戏吗？像美国开普兰的游戏理念，是将生活作为一种实践、参与和体验来引领幼儿进行自我教育、自我提升，它注重发现幼儿的经验和兴趣，追随幼儿的生活，凡是幼儿需要的、感兴趣的，尤其是随时随地在其生活、学习过程中产生和被发现的，又是他们急于想知道或想解决的问题，都应该被纳入游戏和课程中。

武老师：高宽课程倡导和践行儿童“主动学习”“在活动中学习”“在获取关键经验中学习”等学前教育理念。高宽课程提出其核心精要即主动学习，主动学习是“儿童通过直接操作物体，在与成人、同伴、观点及事件的互动中，构建新的理解的学习过程”。高宽课程最重要的教育目标就是通过促进儿童主动学习，通过促进儿童自我意识、社会责任感、独立意识的发展，以及有目的地设计生活，把儿童培养成自立、守法的公民。我觉得关于自主学习这部分，对于游戏的开展很有借鉴意义。要以计划、工作、反思、自主活动为主要游戏内容，让幼儿进行主动参与式的游戏。另外，高宽课程中的领域，跟《3—6岁儿童学习与发展指南》中的五大领域很相似。

刘老师：我觉得应倡导自主、合作、探究的学习方式，这样最能激发幼儿的好奇心和求知欲，激发幼儿的主动性、能动性和创造性，使学习过程变得开放而有活力。所以我们的活动设计应该强调激发幼儿的学习兴趣，注重培养幼儿自主学习的意识和习惯，为幼儿创设良好的自主学习情境；要关注幼儿的个体差异性，鼓励幼儿用他们喜欢的方式学习。

肖老师：儿童学习的特点有：儿童是主动的学习者；对儿童来说，学习的倾向性非常重要；游戏是儿童最主要的学习方式；儿童在与他人的交往中学习；儿童通过操作和探索学习；儿童在生活中学习；儿童不是在学习单独的学科，而是整体性的东西。这几点使我们明白区域游戏、户外游戏都是激发幼儿主动学习的载体。我们对教育方式的改革最终都是为了更好地服务于孩子，更好地结合幼儿的特点，促进他们的学习。北京三教寺幼儿园在开展“学习故事”的时候，就做了相应的改变。他们不固定区域游戏时间，打破了区域之间的限制，让幼儿给自己找活动，而且因为时间很长，不限制幼儿的区域游戏内容，让幼儿自主预约，幼儿会提前为选区做计划。

……

在读书交流中，大家探讨过一个问题：“如果一个两三岁的小姑娘和父母去拥挤的超市里，她会看到什么？”这是一个有关“如何看待幼儿、如何看待幼儿的学习、如何看待教师的作用”的观念的问题。因为观念的不同、站的角度不同，对幼儿的成长和发展的认识就不同。在以往的游戏活动中，教师有多少时候是从幼儿的角度，基于关注他们的需要和学习而组织的？教师有多少时候是蹲下来，让孩子能平视教师的脸的？

在理念转变的阶段，我们以“转变三个认识”为切入点，开展了系列学习和讨论活动，引导教师实现观念的转变。

(1) 重新认识幼儿。幼儿是一个独特的个体、一个社会的人，是一个拥有充分生存和发展权利的个体。因此，他们同成人一样需要他人的尊重和理解，有权利从成人那里得到帮助。

(2) 重新认识幼儿的学习。幼儿是主动的学习者，是自己成长的主人。因此他们的学习应该是一种自发性的活动，是与周围的物质环境和人进行互动的活动。我们必须改变环境，为幼儿主动学习创造条件。

(3) 重新认识教师的作用。在教育过程中，教师应该是倾听者、观察者、理解者和欣赏者。这意味着教师要向幼儿传达对他们的关注、重视、尊重和欣赏，这样才能帮助教师更好地理解幼儿、理解他们的学习方式。同时，教师又是幼儿的学习伙伴、支持者、合作者和引导者。

侯老师的读书笔记《尊重幼儿的意愿》：园长告诉我们：“如果孩子不愿意再吃，就说明他吃饱了，不要硬逼着吃。”“如果这个孩子暂时不想参与集体活动，愿意到处转悠，我们可以先满足他。”通过实践，我认为这样尊重了孩子的意愿。不勉强他们做他们不愿意做的事情，会减少他们的痛苦体验，而这是教师尊重孩子人格的具体体现。

任老师的读书笔记《尊重幼儿不同的学习方式》：在这本书里，我看到在一次关于汽车主题的探讨活动中，幼儿用各种方式描述了他们看到的汽车。他们有的在一起讨论，有的用笔将看到的汽车画了下来，有的用橡皮泥进行创作，还有的去查阅相关的书籍。有的孩子还为自己的车辆设计了降低温度的水箱和遮挡阳光的凉棚。从这些描述中我们能够看到，幼儿都有自己的智能优势，而且是各不相同的，有的幼儿倾向于通过语言去完成学习，有的幼儿却倾向于通过手工制作去完成学习。教师应理解并尊重幼儿不同的学习方式，让幼儿在我们创设的环境中主动学习，将学习变成一种享受而不是负担。我想这正是我们每个教师的责任。

杨老师的读书笔记《理解教师的角色》：通过对教师作用的重新认识，我认识到了在幼儿园一日活动中，要为幼儿提供大量的活动材料、时间、机会，鼓励他们主动去探索和研究。对于这些根据幼儿的兴趣、个人能力进行选择的游戏，教师不再注重游戏是否完美，而是关注幼儿的兴趣与需求，注重在游戏过程中根据幼儿的具体情况做适时的调整，保持高度的“动态性和灵活性”。在整个游戏过程中，教师始终是一个支持者、引导者、参与者，坚持为幼儿提供活动材料，协助幼儿去发现问题和解决问题，静下心来倾听幼儿，通过互动学习了解幼儿，促进幼儿的发展。

……

一个个话题、一次次激烈的争论帮助教师将新的理念与实践结合起来，各种形式的学习交流促进了教师们的快速成长，教师们再次理解了杜威、皮亚杰、维果斯基、加德纳等一些著名教育家的理论，了解了关于进步主义、建构主义、多元智慧、鹰架教学等教育思想的基本理念和具体做法。这些理论开阔了教师们的视野，丰富了教师们的知识体系，激发了教师们的好奇心，而教师们的观念和行为就此逐渐发生了转变。大家的视野日益开阔，认识到了教育工作者应珍重幼儿期的生活习惯，尊重和帮助幼儿提升主体性。

陈鹤琴先生认为：“人生的过程，是一个连续不断发展的过程。”幼儿具有天生的好奇心，好动，好模仿，好群体活动，喜欢成功，喜欢野外生活。他们有着不同于成人的特点和需要，有着自己独特的精神世界。因此，游戏要遵循幼儿身心发展的规律和幼儿认识世界的规律予以策划与实施。

教师们通过学习和模仿，逐步由理解教育观念向实施教育行为转化：教室里的气氛渐渐轻松、活跃了，师幼之间开始相互倾谈了；相处的方式更加自由了，教师和幼儿一起席地而坐讲故事、玩游戏；小组教学、个别教学的机会也多了起来……我们的思维不再受禁锢，我们逐渐拨开了挡在眼前的迷雾！

第三节　主动游戏的实践与探索

在掌握了一定的理论知识后，我们试图践行一些先进的理念。在学习借鉴的课程经验中，高宽课程和海森高教育模式对我们影响最大。

了解高宽课程的基本理论和实践经验，是通过阅读《活动中的幼儿——幼儿认知发展课程》这本书开始的，接着我们又从《高宽课程》《学前教育中的主动学习精要——认识高宽课程模式》等一系列书籍中获得了更多的见解。通过学习，我们对高宽课程的学习环境的创设、一日生活的组织，以及主动学习的理念、关键经验等内容比较感兴趣，而且很想通过实践来积累我们的教育经验，因此“在行动中学习”就这样开始了！

一、高宽课程主动学习理念的学习

高宽课程，亦称为海伊斯科普（High Scope）课程，于 1962 年由美国心理学家戴维·维卡特（David Vicat）创立的海伊斯科普教育机构研制，以皮亚杰儿童发展理论为基础。该课程模式实际上是一个“建构主义”模型，在这个模型中，成人的“传道授业解惑”不再是儿童接受知识的唯一途径，儿童更多是通过自己主动参与学习，获取核心体验，从而建构自己的知识世界。随着课程体系的不断发展，主动学习这一思想逐渐成为整个课程体系的核心。而随着高宽课程的引入，国内的教育家们将高宽课程理念本土化，结合《3—6 岁儿童学习与发展指南》的精神形成了海森高教育模式。

（一）主动学习的内涵

主动学习是指由学习者发起的学习，是学习者通过操作，与人、物、观念、情景相互作用，主动地建构现实知识的过程。幼儿通过与环境、材料的接触，主动建构自己的认知体系，主动去发现与探索事物的发展过程，并在成人的支持下，不断地进行挑战。主动学习基于皮亚杰的建构主义理论，认为幼儿直接作用于环境而获得的体验是其思维发展的关键。因此，幼儿学习的最佳方式不是依靠老师手把手地教或传递，而是由教师提供丰富的材料，让幼儿有亲身实践的经历，通过与世界和周围人的交流来构造他们自己的知识体系。主动学习是高宽课程和海森高教育模式的核心理念。主动学习是幼儿在内在兴趣、需要的基础上，对物体进行操作，开展活动，在活动中不断思考、发现问题并解决问题的过程。

高宽课程和海森高教育模式认为，幼儿的主动学习不会自然发生；要促进幼儿主动学习的发生，必须向幼儿提供主动学习的环境。主动学习的环境包括以下五个要素：

(1) 材料：要提供丰富的、能适应幼儿不同发展需要的材料，这些材料也是幼儿能够轻易取得的。

(2) 操作：要提供给幼儿自由进行操作、转换、组合材料的机会。

(3) 选择：幼儿应能自由地选择自己想要操作的材料与活动，这是幼儿主动学习的核心要素。

(4) 来自幼儿的语言：幼儿有机会描述事物，表达自己的想法，谈论自己做了什么，以及能与其他幼儿很好地进行交流。

(5) 来自教师的支持：教师会支持幼儿的选择与活动，鼓励他们按照自己的兴趣和想法去做。

这五个要素是主动学习的必要条件，是主动学习发生的前提，凸显了主动学习中幼儿的主体地位。主动学习与传统教学中教师通过语言表达将知识灌输给幼儿这一方式迥然不同。主动学习强调幼儿是主动学习者，因为单纯地观看必然不如实际地摆弄，所以应为幼儿搭建操作材料的平台，并尊重其选择，让其自主自由地选择材料，积极表达内心的想法。这样才能创设出幼儿主动学习的环境，使其在发现和思考中不断建构有意义的新体验。

（二）高宽课程模式的组织

高宽课程模式为幼儿的主动学习创设了一个连续性的环境，促进了孩子的独立发展。高宽课程的一日常规是一天活动的顺序，每一部分都有一定的时间。除了一些特殊活动，每天的日程都是一样的，因此，这些活动也就变成了“常规”。它主要由计划时间、工作时间、回顾时间、小组时间、大组时间等组成。其各部分的顺序可以根据项目的开放时间和结构进行调整。但是，计划、工作、回顾的顺序不能颠倒，这是主动学习的保证机制，是高宽课程模式的核心环节。在半日制的高宽课程中，每个环节通常每天只进行一次，而在全日制的高宽课程中，每天可以重复其中的一个或者多个环节。

1. 计划时间：表达意愿

计划时间能够为幼儿提供对教师表达他们想法和意愿的机会，并将自己视为个人行为的决策者。在这段时间，幼儿可以计划他们想做的事情，比如活动区域的选择、材料的选择及与同伴的互动。

2. 工作时间：执行意愿

幼儿制定好计划之后，就进入到了执行阶段，即“做”的时间。“做”在一日生活安排中时间最长，且幼儿和教师应该都是主动进行的。教师并不对活动进行指挥，幼儿自己执行工作。工作时间一般为45~60分钟，教师可根据幼儿所选择的具体工作做出适当的调整。

3. 回顾时间：反思成果

这一过程是做计划回顾的阶段，重在对计划和执行进行反思，对第二天的活动能否正常顺利进行起到重要的作用。幼儿在回顾时间可以自由地表达自己的观点，陈述自己的成果，反思自己取得的进步和不足。他们通常会把自己所做的工作画下来，回顾前几个环节的情况。

4. 小组时间

教师提出并创建活动，幼儿则参与其中。这些活动是根据幼儿的兴趣、文化背景和实地场景创建的。教师将为他们提供材料，激发幼儿的兴趣，鼓励他们以不同的方式使用这些材料，让幼儿充分地思考和联想。教师除了要为幼儿提供材料，还要鼓励他们积极参与，自己解决各种问题。活动会根据幼儿的需要、能力、兴趣和认知水平灵活地展开。教师会通过与幼儿的对话，提出一些开放性的问题，拓展幼儿的思维。小组时间为幼儿提供了发掘材料和对象，灵活地运用身体和感觉，与教师和同伴共处的机会。

5. 大组时间

在大组时间，幼儿与教师聚在一起，唱歌、跳舞、做游戏、表演乐器、阅读等。大组时间为每个幼儿提供参与的机会，与同伴和教师分享观点，表达自己的想法。尽管活动是由教师发起的，但幼儿才是活动的领导者，他们自己做出选择，尽可能多地说出自己的想法。在大组时间，幼儿与教师可以相互合作和学习，分享各自的想法，共同解决问题。大组时间的活动由教师和幼儿轮流指导，主要以幼儿指导为主。教师可以提出自己的想法和建议，最后由幼儿自己决定参与的活动。

高宽课程的一日常规活动为幼儿提供了选择和计划自己活动的机会，在为幼儿营造掌控感和安全感的同时还支持了幼儿的主动性发展。除对幼儿自身有益之外，它还能帮助教师了解幼儿的需要和发展状况，进而拟定自己的工作计划。

“计划—工作—回顾”三步曲是高宽课程一日常规的核心支柱，也是海森高教育模式的核心部分，包含了主动学习的全部要素。幼儿在该过程中能够培养坚持不懈的精神和自我管理的能力，而这是高素质人才必须具备的条件。此外，它强调的计划能力、独立解决问题的能力、反思能力和创新能力等为幼儿日后的社会生活、团队领导、终身学习等打下了牢固的基础。

（三）主动学习中的教师角色

在主动学习这一理念指导下，教师的角色被重新定义，“支持者”“倾听者”“营造者”“协助者”“引导者”等，都是高宽课程中教师的标签之一。与其他类型的区域游戏不同，海森高主动学习认为幼儿只有主动学习，才能够激发自身潜能，建构新的知识。所以在游戏中，教师并非是幼儿活动的主导者，而是扮演着多种角色，为幼儿主动学习的实现发挥着关键的作用。

首先，教师是活动氛围的“营造者”。教师无须替幼儿事先计划一切，只需为其提供丰富的活动材料，创设一个让幼儿自由探索、心理宽松的环境。

其次，教师是真诚的“倾听者”“支持者”。高宽课程或海森高教育模式鼓励师幼之间自由交流和互动，强调教师倾听幼儿的想法。因而当幼儿讲述其与活动相关的想法时，教师需认真倾听，并帮助他们明晰思路。除此之外，教师应该承认、尊重并且支持幼儿的活动，鼓励他们与环境互动、与情境对话、描述事物、表达想法，让幼儿学会勇敢尝试、大胆表达、主动探索。

最后，教师还是“观察者”“引导者”“协助者”。当幼儿在活动中遇到困难时，教师需给予幼儿足够多的时间去发现、分析和解决问题，必要时可以通过提问来启发幼儿的思维，或者通过提供新的材料来予以协助。教师在幼儿主动学习的过程中发挥着关键的作用，让幼儿能够在教师的支持下勇敢尝试，不断建构有意义的新体验。

（四）主动学习中的幼儿发展

主动学习不仅是一种学习方式，更是一种学习品质和学习态度。高宽课程及海森高教育模式为我们提供了“如何在幼儿园教育中引导幼儿自由、主动地游戏”的经验，具有借鉴与实践意义。

1. 掌握学习的主动权

主体性包括自主性、能动性、主观性等。自主性是幼儿主体地位的主要体现，是指在一定条件下，幼儿对自己的活动具有支配和控制的权利和能力，反映的是幼儿在活动中的地位。幼儿掌握学习的主动权，就意味着需要确立幼儿在学习中的主体地位。幼儿在学习中的主体地位体现在三个方面：一是自己确定活动目的；二是自己选择活动的方式、方法及决定自己活动的进程；三是在活动过程中进行自我监督、自我控制和自我调节。幼儿只有在自主活动时才成为活动主体。

儿童教育家亚瑟兰认为：“游戏是儿童自我表现的最自然的媒介，通过游戏，儿童可以把积累已久的紧张、挫折、不安全、恐惧、迷惘之感统统表现出来。一经表现出来，儿童就能面对它们，学会控制或者放弃它们。只要儿童已经获得情绪上的松弛，便会认识到自己的力量，认可自己做出的决定，心理上就会更加成熟地认识自我。”游戏是一种让幼儿能够生动地、诚实地表达自我的方式。幼儿一旦在游戏中真正体现了主体地位，其获得的快乐是真正意义上的愉悦情感。让幼儿在游戏中享受自由与快乐，能更好地发挥游戏对幼儿的心理调节作用，体现游戏在培养幼儿健康快乐、积极向上的人格特征中的独特价值。

2. 提供自我选择的机会

主动学习的基本特征之一就是学习者具有学习的主动性。什么是主动学习？对幼儿而言，它不是“老师要我干什么”，而是“我想要干什么”，是基于幼儿自身的需要、兴趣、爱好所做出的真实选择。内在需要是主动性区域游戏的内部启动力，是幼儿在游戏活动中感到有某种欠缺而力求获得满足的心理状态，其表现出来的是幼儿的探索愿望或探究意向，这种愿望或意向是驱使幼儿进行主动性区域游戏的根本动力。没有内在的探索需要，幼儿的主动性区域游戏就不会发生。

因此，要提供与幼儿内在需要相一致的多样化的游戏内容，给予幼儿选择的机会，帮助他们通过选择、计划与执行计划，踏出他们进行主动性区域游戏的第一步。

3．创设激发兴趣的学习环境

幼儿是积极的学习者，他们带着自己的发展需求与认知特点进入游戏环境，但环境中的刺激并不都是同等重要的。什么样的环境才能激发幼儿的主动探索与学习？皮亚杰认为，游戏或学习能否促进幼儿的发展，关键在于幼儿是在成人的教导下被动游戏，还是在其生活情境中主动游戏。他还指出，教育的真正目的不是增加幼儿的知识，而是在充满智慧刺激的环境中，让幼儿自行探索，主动学习知识。如果在幼儿的发展达到适当水平之前提前教他知识，反倒会对幼儿的自行探索、主动求知行为产生不利影响。幼儿的游戏与学习是通过他们自发的探索和与环境互动来实现的，因此，在幼儿的游戏活动中，教师最重要的任务之一，就是为他们提供丰富多样的、可操作的、有潜在教育价值的、能引发活动兴趣与探索欲望、能与他们产生可持续相互作用的游戏环境和材料，让幼儿在亲手操作、亲身体验中自我发现，推动主动性区域游戏的发展。

在主动性区域游戏中，同样的主题在不同年龄段、不同游戏角色、不同游戏情节中，会得到不同水平的发展。幼儿会选择各自感兴趣的内容开展游戏，而且游戏可以反复玩，每一次反复都可以生成、累加或替换新的内容，因此主动性区域游戏能使幼儿在不断地建构认知经验中获得能力的螺旋性提升，获得连续的、完整的发展。

4．支持自主的学习过程

主动性区域游戏并不意味着放任自由，而是通过一定的组织形式，按照幼儿自己的意愿主动控制游戏的过程。游戏的目标、内容等是弹性的、可变的，这样才能与幼儿好奇的天性、好变的需求和源源不绝的创意相匹配。制定计划、执行计划、预测结果、交流与表达等过程，不仅支持着幼儿在游戏中认知与行为的变化，对幼儿游戏延伸出的学习活动也起着引导作用，而且能帮助幼儿逐步学会控制自己的行为，学会控制环境刺激，让幼儿对自己感兴趣的活动负起探索的责任。而允许幼儿按自己的意愿和对主题的认识确定游戏内容，发展游戏情节，挖掘每一次活动中幼儿的兴趣和创意的闪光点，把握其中的教育契机，潜移默化地引导幼儿养成创造性思维，学会探究学习的方法，形成不断挑战的精神状态，也是主动性区域游戏的内涵体现。

5．获得愉悦的情感体验

要使幼儿主动游戏，关键在于要使幼儿乐意游戏，使他们感受到游戏中所带来的成功、进步、发展和快乐，使他们从游戏中获得学习的推动力。因此，在幼儿的主动性区域游戏中，教师要帮助幼儿成功实施其计划的游戏活动，并和同伴分享这一过程和结果，使幼儿获得成功的体验，提高其自我效能感（个人对自己的学习或行动能够达到某种水平的信念），强化主动学习的信念，使独立、自信与主动学习成为伴随幼儿终生发展的内在品质。

二、主动学习的反思与实践

在了解了游戏和主动学习的内涵后，我们开始考虑如何满足幼儿主动性区域游戏的需要，如何改变我们现有的区域游戏，尤其是在班级人数多、师生比例不是最优的情况下，如何使主动性区域游戏的开展适合本园的实际情况？

（一）收获与反思

在进行了持续的理论学习与外出观摩之后，我们发现游戏的发展将会呈现以下趋势：

1．区域游戏综合化

随着“儿童发展是一个整体”的理念的贯彻，区域游戏的功能将逐渐多元化，不同区域的游戏内容对幼儿发展的价值要多样化，要涉及幼儿发展的核心经验，同时游戏与课程将相互渗透。幼儿园的一日生活是综合性的，是整体的。在生活中，学习就是整合的学习。区域游戏综合化体现了幼儿的经验是整体的。从幼儿需要相互渗透、彼此联系的经验出发探讨游戏与课程的关系，游戏给课程注入了活力，课程则使游戏变得更有魅力。

2. 环境设置生活化

区域游戏环境设置生活化，是追求“幼儿园课程生活化、关照幼儿世界”价值取向的一部分。在这样的环境中，幼儿能够找到与自己的需要、兴趣相匹配的活动，使其潜能得以发挥，从而促成多种有效学习的产生。完善幼儿学习的环境可以丰富和拓展幼儿的经验。因此，教师要创设生活化的区域环境，让幼儿在生活化的区域环境中自由地游戏、健康地成长，真正享有美好的童年生活。

3. 材料提供松散化

松散化的材料要求材料本身具有可操作性，教育价值附着在其操作材料上。材料不同，操作方法及活动方式便会不同，幼儿在活动过程中所获得的学习经验自然也就不一样。教师需要遵循幼儿生命的自然进程，为他们提供可操作的、低结构的材料，让幼儿在与材料的互动中获得成长。

4. 教师指导专业化

通过观察，教师可以更全面地了解幼儿的发展状况，了解幼儿个体化的行为。教师在观察中可以捕捉到每个幼儿的独特之处，为幼儿提供适当的专业帮助，增强支持幼儿探究、理解世界的敏感性。教师从观察记录中了解幼儿的个性及发展阶段，并对环境创设、材料提供等方面做出调整，在促进幼儿游戏水平提高的同时，有效促进教师自身的专业发展。

（二）行动与探索

有了理念就有了动力，也有了前进的方向。在尝试改变之初，我们对现有情况进行了一个梳理和分析。我园有比较完善的硬件设施和较为成熟的教师队伍，因此，在继续深入研究主动性区域游戏环境的创设及主动性区域游戏的开展方面有一定优势。

开展试点工作，我们首先面临的问题是如何调动教师参与主动性区域游戏开展的激情和积极性，引导教师尽快进入角色，进入良好的工作状态。实践主动学习教育理念没有固定的模式或蓝本，也没有现成的经验，具体做法要在实践中操作和调整。如果教师没有主动参与的热情和积极性，没有奉献精神和探究欲望，没有主动思考问题的意识和创造精神，只是靠执行行政指令完成工作任务来被动地进行实践，探索肯定是举步维艰、难以深入进行的。为了解决这个问题，经过冷静的思考和分析，我们先设立了4个班级，作为主动性区域游戏开展的实验班；专门派老师到北京、郑州去学习、参加海森高教育模式的主动性区域游戏培训。专家引领和书本探究为老师们提供了多种值得尝试和改变的路径。

在探索过程中，我们不再将区域当作单一的空间来发展，而是从综合层面进行把控，思考如何使整个区域游戏成为一个综合的、相互促进的、完整的整体，并在此基础上进行区域的划分，细化每个区域的功能，让区域环境更为生活化。此外，我们尝试改变区域材料的投放种类，以松散化、低结构、意图化的材料为主，旨在激发幼儿的游戏兴趣，丰富他们的游戏主题。同时，我们结合幼儿的实际需要，尝试将主动性区域游戏理念运用至生活、集体教学活动中，并融合进主题生成活动的开发和组织中，让每个孩子能在自己的道路上多元发展。

在行动改变中，教师们逐渐意识到了“支持者”“引导者”“合作者”的真正含义，也更好地理解了幼儿和他们的学习方式。而对于主动性区域游戏的探索，我们还在继续着。

第二章

主动性区域游戏环境的创设

材料蕴含丰富的故事并具有内在生命力，只有在与人接触中，这种生命力才能转化为外在语言。儿童的思维是在与环境的相互作用中发展起来的。

——让·皮亚杰

环境是重要的教育资源，幼儿的学习是在环境中通过互动实现的。《幼儿园工作规程》要求幼儿园应当“创设与教育相适应的良好环境，为幼儿提供活动和表现能力的机会与条件”。《3—6岁儿童学习与发展指南》中指出：“学习是以直接经验为基础，在游戏和日常生活中进行的。要珍视游戏和生活的独特价值，创设丰富的教育环境……最大限度地支持和满足幼儿通过直接感知、实际操作和亲身体验获取经验的需要。”幼儿的学习不是通过成人的传授获得的，而是与环境材料互动构建新经验的过程（材料＋操作＝经验）。可见，为幼儿创设一个与他们的发展相适应的、支持幼儿主动学习的区域游戏环境，营造一个自由的发展空间，对于幼儿的学习至关重要。

环境与经验和学习之间有着密切的关系。支持性环境能为幼儿提供更多的积极体验、自主探究、协商合作、思考创造的空间，进而引发深度学习，促进幼儿的认知、语言和社会性等全面发展。

第一节 思考：区域游戏中的环境

区域游戏是幼儿对现实生活的一种积极主动的再现，为幼儿按自身愿望和想象自由地游戏提供条件，使他们在参与活动的同时提升思维探究能力，有更多的社会性行为。伴随着区域游戏在幼儿园保教实践中的日益推进与深化，区域游戏已成为幼儿园教育活动的主要方式之一。作为重要的教育组织形式，传统区域游戏在积累了多方面的有益经验的同时，客观上也存在不足和问题。

（一）区域设置

传统区域游戏的环境创设要求，教师须从幼儿的心理出发，根据幼儿的认知、情感、动作、语言、社会性等的发展需要，创设美工区、益智区、构建区、语言区、角色区等区域，将各个区域设置在教室的不同位置，让幼儿可以选择某一区域内的材料进行游戏和学习活动。其区域设置呈现标准化，表现出雷同的倾向。例如，每个班都创设了娃娃家、小银行、小医院、美发区等不同的主题表演区。区域设置在整体上显现出单一性和重复性，难以支持幼儿的探索。

（二）材料投放

游戏是培养幼儿创造力和想象力的策略之一。心理学家曾把儿童的创造力描述为“回忆过去的经验，并对这些经验进行选择、重新组合，以加工成新的模式、新的思路或新的产品的能力”。区域游戏材料是开展区域游戏的物质基础，是幼儿积累知识及经验的前提。教师会根据材料的类型，将丰富的材料投放到各个区域中，供幼儿活动使用。传统区域游戏中，各区域空间小，幼儿的选择有限。有些区域过于强调主题的稳定性，而长时间保持相同的材料，容易限制幼儿的活动兴趣和自主创造意识，会引发幼儿的审美疲劳。例如一成不变的角色区“超市”“小吃城”和单一特色的美工区“青花瓷”“编织坊”等，这些区域中的材料难以维系幼儿的探索参与乐趣，游戏的自由度不高。还有一些教师过于追求材料的精细化和美观性，使得材料在区域游戏中无益于幼儿的想象力与创造力的发挥。从操作性的角度而言，那些高结构化的材料极易成为区域中的装饰。

（三）区域规则

传统区域游戏中，教师会设置每个区域的规则，根据本班幼儿数量使用区域规则牌注明入区人数。出于空间位置、安全和场地的考虑，一般不提倡幼儿在玩区域游戏时在各个区域间走动或混用材料。为了避免拥挤，单个区域会限制活动人数。幼儿在一个区域内的活动结束后才可以去另外一个区域。区域中设置的游戏规则让人形成了固定的思维与行为模式，使幼儿在游戏中无法获得真正的自由。这样就很大程度上影响了游戏内容的深入和发展，不利于主动性区域游戏的开展和幼儿学习能力的提升。

传统区域游戏中，教师会将游戏任务通过环境材料在各个区域中予以提示，所以幼儿参加的大多数是教师预设的游戏。教师会要求幼儿一旦选择某个区域，就应认真专注地完成选择的工作，甚至有可能连游戏主题和内容也是教师事先安排好的。教师满腔热情、精心准备、耐心引导，游戏中的幼儿却总有点儿“合不上拍”，有的幼儿自顾自玩活动室里的某个新玩具，有的幼儿在各个区域间徘徊，有的幼儿干脆在区域间的空地上追逐嬉戏……他们也在自由游戏，但对教师预设的“角色游戏”和“交往互动”不怎么感兴趣。如果幼儿随意在区域间走动，教师常常会提醒他们不要随意更换区域。

（四）区域目标

在传统区域游戏中，教师更关注显性学习目标，追求目标的指向性，会根据幼儿当前学习内容的要求制定目标。例如幼儿学习相邻数后，教师会在益智区中投放巩固相邻数的材料，引导幼儿正确掌握 10 以内的相邻数。教师还会根据幼儿的能力制定适度的目标，避免因目标过高使幼儿失去信心，或因目标过低而降低幼儿的学习兴趣。在同一个区域内，教师会根据幼儿的年龄特点制定不同的目标。例如小班构建区的游戏目标考虑更多的是幼儿的构建兴趣，而不考虑构建的作品像什么。中大班的构建区要求幼儿作品要具有形象性和完整性。在制定与实施目标的过程中，教师会尝试将一个教育目标渗透在不同的区域中，或在一个区域中设置多个活动目标。虽然明确的目标能帮助幼儿巩固学科性知识，但对于幼儿的自主探索和创造缺乏足够的支持和鼓励。在传统区域游戏中，教师会将目标作为区域设置、材料投放的依据，也会将目标当作指导活动、评价效果的准则。这些被教师强行塞入区域游戏中的特定活动目标会限制和约束幼儿自主发挥，降低幼儿的探索兴趣，不利于幼儿的学习和成长。

第二节　实践：创设主动学习环境

一、探究与学习

（一）区域设置

幼儿园区域的合理利用和设置，能为幼儿提供更多的个体活动空间，使其在和谐的环境中操作、探索和交往。在设置区域时，应关注每一个孩子的游戏活动过程，尊重孩子的个体差异及特点。

如何为幼儿创设一个低结构材料的开放性学习环境呢？什么样的环境有助于幼儿自主学习？我们开展了一系列的研讨活动。

王老师：我们可以为幼儿提供多种低结构材料。要关注幼儿的兴趣点，根据幼儿的兴趣投放材料，支持他们的游戏。

滕老师：活动区的材料与玩具不同，需要经过教师的二次选择和再加工。在区域材料的搜集和制作的过程中，我们要充分发挥家长、幼儿和教师三者的凝聚力，挖掘周边教育资源，共同搜集各种废旧材料。

武老师：我们要注重废旧材料的开发与利用，但有些材料是需要购买的，如建构区的各类积木、插塑玩具，美工区的颜料、调色盘，益智区的拼图、棋类等。

杨老师：空易拉罐、包装盒可以用彩纸、丝带等辅助材料进行装饰和改造，还可以用质地比较柔软的各种布料、美工纸进行艺术加工。

任老师：在自然界中，有取之不尽、用之不竭的天然游戏材料。我们可以在户外活动时与幼儿共同收集材料，例如石头、松果、树叶等。

魏老师：在区域材料的制作和投放中，安全性应是第一位的。收集的材料应选择无毒、无味、对幼儿无伤害隐患的，使用前对材料进行彻底的清洗和消毒。

侯老师：我们设置区域、分类存放材料时可以借鉴超市摆放物品的原则，将材料分类摆放，用层柜来进行隔挡，这样既有游戏的空间感，又便于幼儿将材料整理归位。

通过研讨，教师们认为区域要根据幼儿不同时期的兴趣与需要，随时调整空间、材料、内容，让幼儿在自主的游戏活动中得到更多乐趣。区域游戏应该集探索、操作、游戏、合作、创造、想象为一体，促进幼儿的个性化发展。在高宽课程的环境创设中，教师会将教室分成不同的区域来支持幼儿的活动。区域数量没有硬性的规定，主要根据幼儿的需求和兴趣来创设。这种有准备的环境满足了幼儿的学习需求，有助于形成一种积极的氛围，在这种氛围中，幼儿能主动学习。因此，在主动性区域游戏中，教师可以创设丰富的、多功能的、幼儿可自主选择的游戏区，为幼儿提供自我学习、自我探索、自我发现、自我完善的空间，让每个幼儿都有机会自主选择，用自己的方式学习，使幼儿成为游戏的真正的小主人。

（二）材料投放

早期教育的基本任务是提升幼儿的自主性和主动性。幼儿的主动学习离不开对材料的运用。充足的材料是幼儿学习的载体，能够满足幼儿自主选择的需求，支持幼儿的创造性表现和个性化的兴趣，提高幼儿深度学习的可能性。区域游戏材料投放的目标性和探究性是促进幼儿自主性发展的前提。材料是幼儿开展主动性区域游戏的物质基础。幼儿在持续主动地与材料互动的过程中获得知识、积累经验、发展能力。材料是否丰富、有趣、可操作直接决定了幼儿参与游戏的主动性与积极性。

主动性区域游戏要求教师为幼儿提供符合幼儿兴趣、需求、游戏发展的材料，以激发幼儿的探索欲望。教师应根据幼儿的需要提供充足的材料，最大限度地减少幼儿间的冲突，保证每位幼儿有充足的时间来操作。教师讨论认为，在投放主动性区域游戏的材料时，需要考虑以下方面：

（1）材料投放一目了然。所有的材料存放在无盖或透明的盒子里，使幼儿一眼就能看到他们想要的材料，便于幼儿每日游戏活动使用，鼓励幼儿独立发现、使用和放回材料，使幼儿逐步养成独立自主的习惯。

(2) 材料存放的高度适宜。材料要放在幼儿够得着的地方，暂时不用或不能让幼儿接触的物体要放在幼儿够不着或看不到的地方。

(3) 投放意图性材料。投放能激发幼儿的游戏意图、对幼儿获取经验有直接作用的材料，例如手机、电脑、奶瓶、小衣服等，以支持幼儿的游戏。

(4) 投放真实性材料。生活中真实存在的、有使用功能的材料，而不是游戏玩具，例如电饼铛、榨汁机、蛋糕机、棉花糖机、锅、碗等，教师要根据幼儿的兴趣、需要及时更换、添置。

(5) 投放低结构材料。石头、积木、树叶、线绳等低结构材料没有固定玩法，能最大限度地发散幼儿的思维，激发其创造力，不断推动幼儿游戏的发展。

但需注意的是，在提供有具体玩法说明的材料前，收起玩具的玩法说明图纸，让幼儿自己探究玩法，而不是让幼儿根据说明按部就班地操作。

（三）区域规则

传统的区域规则会限制幼儿自主游戏的开展和深入。为了给孩子创造更自由的活动环境，我们应该弱化游戏区域的目标和内容限制，打破传统的区域游戏之间的界线。在主动性区域游戏中并无明确的区域规则，师幼仅需围绕游戏中的安全性事项展开讨论，达成共识，以确保游戏的安全性。规则中不限制入区人数，区域只是存放材料的地方，孩子们可以根据自己的目标和需要，找自己需要的材料，任意选择位置进行游戏。

在游戏中教师与幼儿共同商议并制定规则，鼓励其将达成共识的规则用各种有意义的符号表示，促进幼儿在游戏过程中内化这些规则。

（四）区域标识

幼儿的直观形象性思维较强，标识作为一种简单形象的指引符号，相较于其他方式而言更能够吸引他们的注意力。幼儿可通过自己的观察，在老师的帮助下了解不同标识所蕴含的具体意义。主动性区域游戏也借助各种类型的标识，培养幼儿在游戏中的主动性。教师会采用拓图、分类的方式让幼儿进行整理、收纳，在此过程中发展幼儿匹配、集合与分类的数学思维。

通过学习“创设主动学习环境”的理论知识，我们了解到在主动性区域游戏环境创设过程中，幼儿的游戏活动不是服从目标，而是听从自己的兴趣和满足自身的需求。他们在自主游戏过程中会逐渐尝试主动调整学习方法和提升自己的能力。教师所创设的游戏环境、提供的材料须与幼儿的能力水平及兴趣爱好相契合，能让幼儿产生游戏的愿望，在与材料互动的过程中享受感知、操作、探究的乐趣，使幼儿主动、活泼地学习。主动性区域游戏强调幼儿在学习与发展中的主体地位。只有让幼儿成为学习的主人，他们才能在主动操作材料的过程中不断挑战自己的经验、能力，充分发挥潜能，突破自我。如何使班级环境为主动性区域游戏服务，发挥其特殊的作用，成为我们急待解决的问题。基于我们前期所做的观察、研究，创设主动性区域游戏环境多考虑以下因素：

(1) 材料的可操作性。好动是幼儿的天性，幼儿对任何动态的事物都感兴趣。他们总是喜欢通过自身的活动了解环境。如果主动性区域游戏环境中材料的可操作性强，那么幼儿就在操作这些材料的时候与环境发生着自然的互动。

> 大一班区域游戏中，涵涵将电路组拼接在一起，可是小灯泡没有亮。她反复试了许多次，不断调整连接材料的位置。过了一会儿，亮亮走了过来。涵涵拿着自己拼接的作品问：“亮亮，昨天你拼接的电路组小灯泡都能亮起来，为什么我试了好久，灯泡还没有亮呢？”“来，我给你看看。”说着，亮亮摆弄起了电路组材料。“你这儿安装反了，要这样装！”他将涵涵的电路组拆了几块，说：“你给我递材料，我装给你看！”于是，他们合作，一直专注地连接线路，最后小灯泡终于亮了起来。

在大班的电路组游戏中，幼儿通过自由探索、组装电路使小灯泡亮起来。在反复的尝试探索中，幼儿对物理现象有了初步的感知，产生了对科学探究的兴趣。由此可见，可操作性的材料会为幼儿提供很多自主学习的机会。

(2) 经验的可迁移性。知识的获得是一个经验积累的过程，每一个人都会在自我学习的过程中建构经验。主动性区域游戏环境可以帮助幼儿在游戏中迁移已有生活经验，并逐步将其整合内化成新经验。

在一次活动中，几位幼儿来到建构区，他们打算搭建一艘会飞的轮船，但却不知如何开始。小森想起了自己乘坐轮船的经验，便设计了图纸。大家按照图纸开始搭建。他们搭建了船身、船舱、船帆、座位等等。小森还给船上装上了一台“发动机”。聪聪根据自己旅游时参观炮台的经验，别出心裁地安装了一座发射大炮。林林为大炮设计了一个二维码，说：“谁想上炮台参观还可以扫码哦！”

(3) 感官的多种利用。在主动性区域游戏环境创设中，幼儿还能通过看、闻、摸、想、问、说、记录等方式积累丰富的知识。教师需要创设具有吸引力、令幼儿感觉舒适且组织良好的环境，帮助幼儿在环境中互动交往、积累经验、提升能力。

在家庭区，教师为幼儿提供了烤箱、蛋糕机、棉花糖机、电饼铛等真实的厨房用具，还投放了鸡蛋、面粉、玉米等食材。大班的幼儿挽起袖子，开始工作。欣欣熟练地打了两个鸡蛋，加入一些蛋糕粉，又放入两勺白糖，用筷子搅拌均匀后小心翼翼地将面糊倒入蛋糕机中。五分钟过后，蛋糕出炉，教室里香味四溢，蛋糕则又松又软。源源将玉米放入爆米花机，等待片刻，爆米花出锅，香味扑鼻。姗姗赶快制作美味菜单，写好价格，与涵涵一起推销着好吃的蛋糕和爆米花。其他人则排起了买食品的队伍。姗姗对涵涵说：“你看欣欣做的蛋糕多香，这么多人来买呢！”涵涵说：“源源做的爆米花也香，我都想吃了。”大家纷纷表示明天游戏时也要去家庭区做好吃的蛋糕。

一个支持幼儿主动学习的环境必须给予幼儿更多互动交流、主动学习的机会。通过研讨与交流，我们开始尝试与改变，不断实践与探索。

二、尝试与改变

（一）第一次尝试与改变

1. 调整区域设置

在区域设置时，应保证幼儿能够从教室的不同位置看到各个区域，这样当他们计划游戏时就能够确定材料的取放是否可行。为了让幼儿在区域间行动自如，我们使用低矮且通透的玩具柜、不同颜色的地毯等对区域进行分隔。当空间被合理地划分为多个兴趣活动区并且在每个区域里都投放了相应的材料后，幼儿就会形成对社会与世界的初步认知。由于幼儿的主要生活经验来自家庭，面对同样的材料，不同年龄段的幼儿会呈现出各自的社会经验和游戏水平。考虑到家庭区不仅可以在小班设置，也可以在中大班设置，在尝试中，我们取消了中大班的小医院、小银行、小吃店等角色区，设置家庭区，提供丰富的低结构化的游戏材料，促进大龄幼儿创造更复杂的角色游戏。当按照这种思路改变后，教师们就更容易以幼儿的视角理解游戏，为幼儿的主动学习提供更多支持。

2．打破区域界线

（1）按照材料划分。在传统区域中，按照功能划分的区域会限制幼儿的思维，如小舞台就只能表演，益智区只能玩智力游戏，建构区只能搭建积木……在实际的区域游戏中，幼儿可能会随时随地利用不同场景开展自己的游戏。根据主动性区域游戏环境创设的理念，我们参考超市存放货物的方法，将材料如货物一样放置在相应的区域中。此时的区域仅仅是存放不同材料的地方，幼儿想选择什么材料、想跟谁玩、想在哪里玩、想怎么玩，都取决于他们自己的意愿和想法。

（2）不做人数限制。我们认为，想要支持幼儿主动学习就必须支持幼儿实现自己的游戏意图，因此，在区域中不做人数限制，材料可以在区域之间移动，支持幼儿根据自己的意愿选择区域及所需材料，也可以根据游戏需求将材料拿到任何区域内使用。

（3）改变区域标识。区域标识可以是区域内能找到的真实物品，或是物品拓印图，或是手绘图。区域标识应醒目、图案简洁，贴在幼儿的视线范围内，帮助幼儿区分和识别各个区域。

（4）调整材料投放。家庭是孩子们最熟悉的环境，幼儿总是热衷于玩有关家庭的游戏。给孩子最熟悉的真实的家庭物品可以给予幼儿安全感，也更容易激发幼儿主动游戏的兴趣，例如真实的厨房用品（微波炉、烤箱、洗菜池、水龙头、锅、碗、筷子等）、日常生活用品（手机、衬衣、领带、高跟鞋、帽子、挎包、眼镜等）、婴儿用品（布娃娃、奶瓶、尿不湿、幼儿衣物等）、角色扮演用品（各种职业服装、布块、饰品、发套等）。这些与生活息息相关的真实材料能有效地支持孩子们的游戏活动。

热闹的聚餐

最近，很多小朋友喜欢家庭区的游戏。基于对幼儿兴趣的考虑，老师们商讨在家庭区投放更多支持幼儿游戏意图的材料：手机、手提包、毛绒玩具、婴儿衣物、各种职业服装、帽子等。

游戏时间到了，小朋友们开始忙碌起来。今天依依家有客人要来，她和家人要为朋友准备丰盛的午餐。依依说她要先去隔壁超市采购，让子琪留在家里照顾孩子。乐乐和彤彤用积木在构建区围建了宽敞的超市，并将其分隔为生活用品区、食品区、玩具区等。依依走进超市里开始选购。乐乐穿着促销员的衣服，正在整理货架上的物品，还不时地向前来的顾客推销着货架上的物品："您快来看看，这是今天新上的水果，特别新鲜。""这是我们促销的牛奶，可便宜了，来一瓶吧！"轩轩一边理货一边推销。这时依依手里拿着一个饮料瓶问乐乐："你好，我想买这瓶醋，多少钱？"乐乐赶快在美工区拿了一张卡片，写好价格说："这个是五块钱，给你。"依依接过后，向乐乐道谢，随后挑选了许多蔬菜和面食后才回到家庭区。她大声说道："我买了好多东西，我们可以做好吃的了。"子琪接过东西开始洗菜切菜。

两人穿好厨师衣服，拿出锅铲，将食物放进去翻炒。依依说："我们再煮点稀饭吧。"她去装米和绿豆，随手拿了一个娃娃的帽子去装绿豆。将绿豆放在厨房后，发现宝宝醒了，她就将宝宝抱进了厨房，和子琪一起做饭，并不时哄哄宝宝。准备好食物后，子琪打电话邀请自己的好朋友前来。大家围坐在一起后，依依给小伙伴们每人发了一件衣服，说道："围在脖子上，不要弄脏衣服。"愉快地吃完午餐且收拾餐具后，子琪拿了一片宝宝的尿不湿放进锅里，乐此不疲地洗起了锅。

在打破了区域界线的游戏中，教师想给幼儿更大的空间充分开展游戏，促进不同游戏主题的深化。游戏中幼儿也会在构建区搭建超市，挑选美工区的材料来设计价签，在家庭区做饭，根据自己的游戏需求打破区域界线，自主选择材料。但有些幼儿似乎对材料的用途缺少认识，所以游戏中会出现使用帽子装绿豆、使用尿不湿洗锅等行为。教师们开展研讨交流活动，发现第一次尝试与改变中，家庭区的材料虽然是分类摆放的，但是没有准确细致的分类，才导致了幼儿出现将生活类物品和厨房类用品混用的行为。大家思考幼儿的游戏需求和意图，重温主动性区域游戏环境创设、材料投放的主要原则，将家庭区细化为客厅、卧室、厨房等，将各种材料按照用途分类放置。教师根据幼儿游戏现状，对区域设置和材料进行第二次调整。

（二）第二次尝试与改变

1．动态调整活动区

日常生活中，基于孩子们感兴趣的游戏类型，我们适时调整活动区，区域位置随幼儿的需求变化。考虑到积木区需要较大空间且必须便于整理收纳，将其置于教室中空间较大的位置，便于幼儿在区域内进行各种游戏。区域设置时将家庭区与积木区相邻设置，便于幼儿进行两个区域之间的互动游戏等。区域面积跟随幼儿的需求随时进行动态调整。幼儿如果喜欢家庭区的游戏，可以增加家庭区的面积。一段时间后，如果选择家庭区的幼儿减少，则可以缩小家庭区，扩大幼儿感兴趣的区域的面积。教师也可以在已有的区域中增加一个可以替换的区域，来迎合幼儿当下的兴趣。例如，幼儿在了解了关于印染的知识后，教师可以在艺术区旁设置印染区，与幼儿共同商议从原有区域中选择哪些材料，来满足幼儿新的探索需求。

2．根据需要投材料

为了避免游戏中再次出现“用帽子装绿豆”的行为，教师决定投放低结构的、意图类的材料。

(1) 材料选择应有助于实现教育意图。游戏材料是实现游戏意图的隐形教育手段。选择能够支持幼儿主动学习的材料可以从以下方面着手：基于激发幼儿的游戏意图提供材料；基于对幼儿的观察提供材料；基于对幼儿生活经验的迁移提供材料；基于支持幼儿各领域的发展提供材料。

(2) 投放低结构的游戏材料。维果斯基的“最近发展区”理论认为，高结构材料只能适应幼儿某一阶段的发展；当幼儿的发展超出该阶段时，幼儿就会对高结构材料失去兴趣，而低结构材料可以帮助幼儿进行更多操作。在主动性区域游戏实施中，我们投放了很多低结构材料，例如泡泡泥、布块、木片等。幼儿可以用泡泡泥制作自己需要的各种工具，用布块装扮娃娃或者当作角色扮演的道具。低结构材料可以满足不同年龄段幼儿的游戏需求，实现幼儿的各种游戏意图，符合幼儿多样化的选择和发展水平，能更好地支持幼儿的主动学习。

在实际的幼儿游戏中，游戏空间不限于以内容命名、固定摆放材料的游戏区。低结构材料自身所具备的灵活性、多样性、丰富性可以使幼儿在游戏时不拘泥于空间、内容、玩法的限制，这些没有规定玩法的材料直接影响着幼儿在游戏中的主动性、创造性、想象力的发展，使幼儿真正做到自主。

(3) 材料真实、安全、环保。必须“忍痛”摒弃一些不真实且无效的材料，如积木区里既不结实又光滑易倒的纸盒，家庭区里自制的无法使用的假冰箱、假微波炉等，投入真实的锅碗瓢盆、干净衣物、高跟鞋、眼镜、帽子、领带、挎包等。教师会根据幼儿的游戏需求筛选真实、安全、环保且方便幼儿使用的材料，能更加有效地支持幼儿主动自由地学习。

(4) 材料存放固定有序且方便。同一区域的材料分类存放，根据“看得见，拿得到，放得回”的原则，教师对所提供的每样材料进行亲身体验：蹲下来用孩子的高度看一看哪些材料看不到、哪些玩具柜是封闭的、哪些容器是不通透的，将分层且通透的玩具柜放在中间区域便于幼儿取放，将过高的玩具柜放在靠墙的位置，以保证稳定且不会遮挡幼儿的视线；将封闭的容器换成透明的容器，让幼儿一目了然；去掉玩具柜的柜门以方便幼儿拿取和归位。区域柜摆放时按直线直角布局，便于幼儿出入方便。顺畅的交通，能够让正在做选择或者观察他人活动的幼儿不会互相碰撞，还可以促进幼儿之间的互动交流。

我们选择将同类材料存放在固定位置，帮助幼儿更快寻找到所需材料，主动实施自己的计划，不必等待或依靠老师来实现自己的目标，提高幼儿的自信心，且同类材料之间的关联性能帮助幼儿更好地游戏，还易于其自己收拾整理，将材料归位。如艺术区材料分为颜料类、工具类、装饰类、泥工类四个部分来存放；家庭区的材料按照婴儿用品、厨房用品、生活用品、角色扮演四个种类存放；积木区的材料按照空心大积木、小型单元积木、辅材三个部分来存放。

分类存放要注意发挥标识的作用。易于幼儿理解、操作的标识可以帮助幼儿快速整理，并且能够形成对应、分类等数学经验。

（5）意图材料激发探究兴趣。在主动学习的环境中，幼儿的游戏意图是借助与同伴的互动来获得直接体验，通过直接感知、实际操作和自身理解主动建构他们对这个世界的支持和满足。那些开放的、多用途的低结构材料，以及能激发幼儿游戏意图的，可供幼儿任意选择、自主使用摆弄的意图材料，对幼儿获取操作经验及自身发展起到了至关重要的作用。

幼儿对周围的环境有着强烈的好奇心和探究欲望。埃里克森指出，在这一时期，如果幼儿表现出的主动探究行为受到鼓励，幼儿就会形成主动性，这为幼儿将来成为有责任感、有创造力的人奠定了基础。反之，幼儿就会发展与主动性相对的内疚感，在成长过程中失去信心。

因此，要提供一个让幼儿进行自主学习，自己做出学习选择和计划的环境，满足幼儿、主动探究的需求，激发幼儿主动学习，促进幼儿发展自我意识、责任感、独立意识和创造能力。主动性区域游戏环境需要重点关注以下几个方面：第一，创设不同的学习区，让幼儿依据自己的兴趣、能力和学习的节奏，主动选择区域游戏。第二，提供丰富多样的材料，根据幼儿的发展需求及主题、季节等教育内容提供适宜的材料，充分利用废旧物品、自然物、半成品材料和工具等，让幼儿从亲身体验和直接探索中获得成就感。第三，展示幼儿的作品或学习过程，所展示的图片、文字要简单易懂，在幼儿视线范围内，让他们能够看到自己学习的过程并与别人分享。第四，需要为幼儿提供辅助材料（比如操作示意图或操作单），支持幼儿的自主学习。第五，位于整个活动室的各个角落的学习区，其整体应在教师视线范围内。用于分隔各个学习区的柜子不能太高，这样一方面便于教师纵观全局，对幼儿的整体活动情况做到心中有数，以便适时介入、参与或提供协助；另一方面便于幼儿浏览并选择所要进入的区域。

为幼儿的学习奠定良好的环境，需要我们认识到位、坚持行动。真正支持幼儿自主学习和自主发展的一点点改变都不是想象中的那么简单，我们要坚定信念，在实践中不断尝试和完善。

图书区变有趣了

◎改造前

每天的区域游戏开始了，教师让孩子们根据自己的意愿来选择区域游戏，但之后发现图书区一个小朋友也没有。于是教师轻声地说："谁愿意去图书区玩啊？"没有人应答，也许是孩子们专心游戏所以没有听见吧。教师把声调提高一些说："小朋友们，今天谁愿意去当故事大王啊？"话音刚落，桐桐就举手说："我愿意去！"接着，陆陆续续又有几个孩子去图书区活动。

刚开始，可欣、月月等小朋友都各自拿着自己喜欢的书本有板有眼地看着，嘴里不停地讲述着故事。不一会儿他们就开始随意翻书，甚至把书卷起来当万花筒玩。教师轻轻地走过去问道："可欣，你讲的故事真好听，我也很想听听。"可欣看到老师，赶紧拿了一本书，开始断断续续地讲起故事来。教师在她讲完后说："你讲的故事特别有趣。我也讲个故事给你们听，好不好？"听到教师要讲故事，其他的小朋友很快围坐起来。教师开始边翻阅图书边声情并茂地讲起故事来，小朋友们在旁边静静地听着。讲完后，桐桐说："老师，这个故事我也会讲，我来给你讲一次，好吗？"说完，他便拿过故事书，绘声绘色地讲起了故事。其他小朋友也拿起了图书尝试讲故事给大家听。这时，教师悄悄退出了图书区。

没过一会儿，图书区传来了喧哗声。小朋友们在聊天："图书区不好玩，要是放些好玩东西的就好了。"有的小朋友一边翻着书一边说："如果有会动的小动物，我们可以边玩边讲故事，多好啊！""我想画画，不喜欢看书了！"教师闻声而来。孩子们看到教师走来，赶紧每人拿起一本书装模作样地看起书来。

活动结束后，几位教师展开讨论，认为区域游戏本身具有幼儿可自由选择的特点，可是，今天的图书区是在没有幼儿的情况下通过教师的介绍，幼儿才去游戏的。经过研讨，大家认识到在投放区域游戏材料时，要基于对幼儿的生活经验、幼儿各领域的发展等方面的观察，提供激发幼儿游戏意图的材料。孩子的兴趣点和关注点是教育的有效起点，应该基于孩子的兴趣点和关注点开展游戏活动。语言区只投放了图书，材料比较单一，而且图书柜的隔层有些高，图书放进去后封面多半被遮挡，孩子们无法看到完整有趣的封面，不愿进入该区域活动。当幼儿对材料不感兴趣的时候，他们就会失去主动性。提高幼儿的活动意愿，需要教师具备敏锐的洞察力，对幼儿的需求予以回应，及时调整区域材料。当幼儿对某样事物有着浓厚的兴趣时，他们便能在活动中保持愉快的情绪，积极主动地去探求。

◎改造中

讨论后，教师对图书区进行了调整。首先，给图书区铺上一层色彩温馨的地毯，设置美丽的坐垫和藤椅。其次，根据投放材料要让幼儿看得见的原则，将图书区的书柜高度降低，使新颖童趣的绘本展现在幼儿眼前。教师还用贴纸做了一些卡通标识，方便幼儿取放。鉴于游戏中小朋友说喜欢会动的小动物，教师根据幼儿的兴趣，投放故事盒，制作磁贴动植物，布置磁力故事墙，便于幼儿随意设置场景，讲述自编故事；增加手偶支持幼儿表演故事；提供水彩笔和纸，辅助幼儿设计故事角色。教师还将图书区与家庭区设置为相邻区域，便于幼儿在家庭区游戏时可以被图书区吸引，鼓励幼儿探索和拓展游戏，在相邻区域自由探究。

◎改造后

调整后的图书区很快吸引了小朋友，那些有趣的绘本封面和立体的故事盒引起了他们的注意。做计划时间，曦曦说道："我今天要去看看新玩具。"琳琳也说："我要去看那本狐狸的故事书。"小朋友们纷纷按照所做计划，投入到自己喜欢的活动中。

在图书区，曦曦专注地拿起故事盒和甜甜讨论："你觉得这些小动物聚在一起在干什么？""我觉得它们肯定在参加聚会。""我也是这样想的，我给你说说它们发生的有趣的事情。"就这样，曦曦和甜甜你一言我一语地讲起了"森林狂欢节"的故事。过了会儿，琳琳拿起了狮子手偶，凑过来说："让我来主持派对吧。"点点听到后也举着兔子手偶说："我也想主持。"曦曦和甜甜商量了一番，说道："那你们一起做派对的主持人吧。"说完他们四个人一起玩起了小动物开派对的游戏。有几位正在家庭区游戏的小朋友被他们的故事所吸引，也来到图书区听故事。甜甜开心地说："我们来新的客人了。""对，我们可要好好表现。"

从无趣到有趣，材料的改变很关键。教师要创设支持幼儿主动学习的环境，不断实践、反思和改进，让每个幼儿都能自主选择、自由结伴、自在活动，充分发挥其积极性、主动性、创造性，使他们的能力得到发展和提高。

第三节 主动性区域游戏环境创设的理论依据

一、总结经验

（一）幼儿园主动性区域游戏环境的特点

良好的环境可以使人心情舒畅，增强学习兴趣。刚开学时，因为积木区的材料比较多，游戏结束后，幼儿会把积木放得横七竖八。于是教师们在积木区的位置贴上了各种积木拓印图，引导幼儿游戏后将积木摆放得整整齐齐，创设整洁的环境，逐渐养成物归原处的良好生活习惯。

主动性区域游戏活动作为一种开放性的教育活动，深受幼儿的喜欢。它为幼儿的认知、理解、操作、学习、交流、合作等提供了广阔的天地。丰富的活动材料、合理的教室空间和充足的游戏时间，营造出宽松和谐的氛围，为幼儿的主动学习和自主探索创造了良好条件。虽然幼儿存在个体差异，但是他们都在游戏中表现出相当高的热情。幼儿自由地选择教师为其提供的各种材料，按照自己的想法去活动；教师不多加干涉，只在观察、了解幼儿的基础上给予幼儿适时的支持、鼓励与引导。例如幼儿在玩沉浮游戏的过程中，教师无须刻意准备大量的科学区材料，幼儿会自主选择家庭区的杯子、勺子，选择积木区的插塑、积木，选择玩具区的小汽车、恐龙，选择艺术区的工具、扣子等，进行探究活动。这样一来，游戏设计的主动权由教师转向了幼儿，幼儿可以根据自己的需求与兴趣多次尝试不同材料，从中获得相关经验。

主动性区域游戏活动中的幼儿兴致勃勃，参与游戏的积极性、自主性与创造性不断提高。他们通过自由操作材料获取更多直接经验和知识，在自由的空间中根据需要与材料互动，维持对游戏的兴趣。

（二）创设主动性区域游戏环境应遵循的原则

《幼儿园教育指导纲要（试行）》指出，“幼儿园教育应尊重幼儿身心发展的规律和学习特点”，教师要关注并敏感地察觉幼儿在活动中的反应，把握教育的时机，为幼儿提供适当的帮助和支持。我们在开展主动性区域游戏的过程中，以观察和解读幼儿行为为切入口，在与幼儿积极互动的过程中，有针对性地反思教育行为，改进教学的态度、方法和策略，与幼儿共同建构、共同成长。心理学家罗伯特说：“人离开环境，便无行为可言。”可见，幼儿对世界上各类事物的认识，大部分都是通过现实环境的影响和周围事物的潜移默化而获得的。在主动性区域游戏的实施过程中，为了达到理想的教育效果，教师须在空间组织、材料提供、区域设置中遵循以下原则：

(1) 细致观察和及时调整是创设环境的前提。

游戏活动中，大班的壮壮、子阳总是喜欢去积木区。壮壮不断去教室的各个位置取材料，然后与子阳一起搭建小汽车。过了一会儿，楚轩过来说；“我也想坐你们的小汽车，行不行？”博雅也过来说：“我也要和你们一起去旅游！”渐渐地，因为别的小朋友的加入，他们两个人搭建的小汽车太小，容纳不了太多的小朋友。老师看到后帮助他们搬移了柜子，留出较大的空间。之后他们开始不断改变搭建结构，最终将小汽车变成了大巴车，车内的材料也越来越多。子阳提议搭建战车。通过商议，他们分为两个队伍玩打仗的游戏。就这样，由于教师细致观察和及时调整，幼儿的游戏得以持续发展。

幼儿自主选择活动内容、材料、伙伴进行游戏时，教师要善于观察他们的游戏需求。如果发现幼儿喜欢积木区，可以通过调整积木材料的摆放位置来扩大游戏空间、改变环境来支持幼儿的游戏。

(2) 开放的材料和自由的选择是创设环境的基本要求。

中班的乐乐在进行区域游戏时告诉老师：“我想做一个生日蛋糕。”他从玩具区选择了大小不同的两个纸盒做蛋糕，从艺术区选择泡泡泥、皱纹纸对蛋糕加以装饰。过了一会儿，一个漂亮的双层蛋糕就做好了。他向同伴展示自己的作品：“我的生日蛋糕做好了！你看漂亮吗？”豆豆说：“太漂亮了！我过生日的时候还有生日蜡烛呢！”“我的蛋糕上也能插上生日蜡烛！”乐乐从玩具区选择雪糕棒当作生日蜡烛，想插到自己做好的生日蛋糕上。可是，他尝试了许多次，都以失败而告终。突然，他想到了去教室中别的地方去看一看、找一找。很快，他在教室里找到了泡泡泥，捏成一个底座，将雪糕棒固定在了自制的生日蛋糕上。他高高兴兴地带着他的蛋糕去家庭区为小宝宝庆祝生日。

在主动学习的环境中，幼儿的游戏意图完全是自发的。在游戏过程中，幼儿通过与材料、人、时间及空间的自主互动来获得直接经验，主动建构他们对这个世界的认识和理解。因此在创设主动性区域游戏环境时，材料是开放的、可供幼儿自主操作的，幼儿在与开放性材料的互动中主动学习。

(3) 幼儿的互动和自发的学习是创设环境的重要目标。

中班的笑笑和彤彤将各种物品收集起来，准备搭建一座大房子。笑笑说：“咱们在家庭区与积木区中间比较大的空地上搭建房子吧。”彤彤说：“好呀！”他们首先商定了搭建房子的地址，之后使用了错开垒高等方法用木方块来搭建。笑笑站在搭建好的一面墙里说：“积木，我要积木。”彤彤站在外面一边说“来了来了”，一边将材料给他递进去。笑笑在拿材料的时候，不小心碰倒了房间的外墙。彤彤看到后说：“你把房间的外墙损坏啦，我重新搭建一下！”然后彤彤开始重新搭建外墙。这时候成成走过来问：“这里只有客厅，没有其他房间，不是咱们家里的那种房间呀？”笑笑说：“我还没搭建完呢！”说完他便继续埋头工作。

第二天，笑笑说：“家庭区的声音太大，影响咱们搭建房子！咱们搬家吧？”彤彤说：“咱俩一块搬！”于是，他们将搭建地址搬移至靠近教室墙壁的积木区。在搭建完客厅之后，彤彤说：“咱们家里还有卧室、厨房、洗手间、书房呢！咱们再搭建这些吧？”于是孩子们的搭建活动又前进了一步，相继搭建出了书房、厨房等。

从开始搭建到结束，教师一直在营造一个支持幼儿主动学习的环境，帮助幼儿实现自发的游戏意图。在这个过程中，孩子们积极思考、主动交流。他们互动的过程实际上是他们主动思考与学习的过程。通过互动，幼儿获得了表达想法、交流意见、解决问题的机会。

（三）创设主动性区域游戏环境的有效策略

《幼儿园教育指导纲要（试行）》中指出："为幼儿的探索活动创造宽松的环境，让每个幼儿都有机会参与尝试，支持、鼓励幼儿大胆地提出问题，发表自己不同的意见，学会尊重别人的观点和经验，主动建构知识经验。"在实施主动性区域游戏的过程中，应采取以下创设主动性区域游戏环境的有效策略：

1．创设自由的空间环境，激发幼儿的游戏兴趣

在创设主动性区域游戏环境时，要善于利用班级环境的空间因素，经师生共同商议，采用固定和灵活设置相结合的原则，创设幼儿能自由选择的区域，让每个幼儿用自己的方式进行学习。要让环境会说话，让幼儿与环境互动起来。根据季节的变化、幼儿兴趣的变化等，使幼儿主动参与布置周围的环境，让他们积极表达感受，自由选择表现形式，共同增添活动材料。

2．提供种类丰富的材料，满足幼儿的游戏需求

材料是幼儿开展游戏的物质条件。与幼儿年龄特点、经验、能力和需求相适应的材料，能激发幼儿学习的主动性，使他们在没有压力的环境中主动观察、发现问题、独立思考、解决问题。教师应根据现阶段班级幼儿的兴趣点和能力层次，提供丰富的低结构材料以满足幼儿的游戏需求。

（1）根据幼儿的兴趣投放材料 。教师投放材料的丰富程度直接关系到幼儿的活动质量，关系到幼儿能否尽兴尽情地"研究"他们的世界。活动区的材料应该是丰富多彩的，但并不是材料越多越好。幼儿的专注力有限，过多过杂的材料虽然能吸引他们投入活动，但也容易让他们眼花、分心，幼儿会犹豫不决、顾此失彼，导致出现拿起一物摆弄片刻后丢弃另换一物的现象。显然，这与我们投放材料的初衷是相悖的。在投放材料时，应考虑材料与幼儿的兴趣及发展需求之间的关系，加强材料投放的针对性、目的性和科学性，依据对幼儿活动的观察，定期更换与补充。教师应常与幼儿共同探讨，再根据幼儿的认知特点、兴趣及教育目标，收集游戏需要的材料。幼儿还可以与家长一起收集可回收材料，在游戏中利用纸盒、瓶盖、梳子、瓶子等生活中最常见的废旧物品进行美术创作。例如薯片筒在孩子们的手中，可能会变成大头娃娃或者望远镜，或者被孩子用来搭建炮楼。这些废旧材料可以激发幼儿的创作意图，为幼儿提供源源不断的创作素材，丰富游戏内容，提高幼儿的

动手能力，增强幼儿的创新意识，有助于幼儿树立环保意识。

（2）根据发展需求提供材料。材料的趣味性、变化性、可操作性会影响幼儿主动参与游戏的积极性。幼儿在操作过程中可以获得信息、积累经验和发展能力，因此材料是促进幼儿发展的载体。在游戏中必须提供有趣的、能激发幼儿探索欲望的材料，让幼儿边做边玩、兴趣盎然。如乐高积木，它具有很强的趣味性和创造性，容易吸引幼儿，使他们在拼搭中体验合作搭建、分享交流的乐趣。用途多样的装饰材料，如珠子、扣子、亮片、彩色纸条、线、布等可以起到画龙点睛的作用，幼儿会根据自己的兴趣和想象选择所需材料进行创作，展现其独特的创意。

适宜的材料会激发幼儿主动探索的兴趣。幼儿的发展水平不可能是整齐划一的，而且发展速度也不一样。所以我们在提供材料时，千万不能“一刀切”，要注意材料的层次性，兼顾到不同发展需求的幼儿，使每一个幼儿都能在适宜的环境中获得发展。如提供夹珠子的活动材料时，教师可以提供勺子、夹子、筷子、纸盒、小口的瓶子、大珠子、小珠子、豆子、花生等，为幼儿提供不同的操作机会，让每位幼儿都能找到适合自己的材料。

（3）提供自然材料支持游戏。游戏材料越丰富、形式越多样，对幼儿的能力发展的支持与帮助就越大，幼儿在操作过程中就会有更多的思考与创新。在自然界中，有着取之不尽、用之不竭的自然材料。如用小树叶粘贴人物和动物，做叶子拓印画，制作树叶书签；捡来小石头完成创意石头画，给石头染色，或者当飞行棋使用；将小树枝作为计算材料；将叶子做成小伞、扇子、帽子……孩子们在创意十足的玩乐中得到了自由的体验和创造的乐趣。各类豆子、松果、莲藕、果壳等自然材料贴近生活，能够吸引幼儿的注意力，以之为原材料的加工、创作更能让幼儿感觉到神奇和新鲜，而这恰恰是激发幼儿兴趣、调动幼儿积极性的关键，能够极大地提高幼儿的创作动力和热情。大自然中的材料可以为幼儿的游戏活动提供支持。幼儿可以探索椰子壳、贝壳、鹅卵石、果壳等自然材料的特点，通过发现和对比这些材料，为科学、艺术等领域的学习奠定重要的基础。此外，要为幼儿提供基本材料及工具（纸、颜料、笔、胶带、剪刀、刷子等），保证幼儿的操作活动顺利开展。

（4）提供可操作性强的材料。可操作性强的材料能满足幼儿动手实践的愿望。

在提供材料时，应该注意材料自身是否会有促进幼儿学习、探究等活动的价值。玩法单一的材料，幼儿玩一段时间之后就会厌而弃之，而各种插塑玩具、乐高积木、磁力玩具等材料，能为幼儿提供一个开放自主的探索环境。幼儿通过动手操作活动，观察思考，反复尝试，开发想象，活跃思维，获得成功的体验。

(5) 提供独特新颖的材料。区域材料应经常更新变动，新的材料可以提升幼儿参与活动的积极性。教师可以收集幼儿的玩具投放到班级的玩具区中，供大家自由选择、互动共享。材料本身是物化和静态的，教师应细致地考虑材料的呈现方式，使静态材料因为游戏而呈现出动态性。材料的动态性还体现在各年龄段或班级之间的互动中，各班教师可以共同商议，做到材料互补、资源共享，让材料真正地为游戏提供支持。

(6) 提供意图明确的材料。幼儿的游戏意图来自其看到的材料。他们所熟悉的手机、电脑键盘、娃娃、洗衣机、小汽车、牙刷等意图明确的材料能有效支持游戏延展，促进幼儿的深度学习。例如，小班的笑笑做游戏计划时，看到家庭区的娃娃和小床，会引发其玩“带娃娃睡觉”的游戏意图；冬冬看到奶瓶时，会引发其玩“给娃娃喂水”的游戏意图；点点看到消防服、水管、灭火器等材料时，会引发其玩“消防员救火”的游戏。

建议教师在图书区、玩具区、家庭区、积木区、艺术区等基本区域投放大量丰富的意图材料。玩具区可放置乐高积木、小汽车、人偶、动物、贝壳等意图明确的材料。家庭区投放相机、眼镜等真实的家庭材料。积木区投放方向盘、红绿灯、幼儿园周边场景图片等材料。教师还可专门设立意图材料柜，促进幼儿游戏的层层深入。

（四）创设主动性区域游戏环境的实践效果

通过创设主动性区域游戏环境，幼儿的兴趣更浓厚了，能在自由自主的游戏中有新的变化与惊喜。

1. 主动探索

环境改变后，幼儿最大的变化就是更喜欢探索了，而且会主动探索。以往，他们的活动都需要等待教师交代任务后才能统一行动。如今主动性区域游戏环境成了“无形的老师”“有力的支撑”，它给予幼儿自主选择和决定权，幼儿可以决定和谁一起玩、在哪儿玩、选择哪些游戏材料、玩什么、怎么玩……环境一旦改变，幼儿的角色游戏主题可能就不再局限于教师提供的超市、医院、小吃店等，而会出现更多与幼儿的生活经验、当前的兴趣爱好等息息相关的新主题，例如《小猪佩奇》《冰雪奇缘》中的人物等。游戏过程中幼儿还会自行生发新的游戏内容，协商游戏规则，因为这些都是他们自己商量和决定的，所以游戏中幼儿是投入的、专注的。

幼儿的个别化探索随时随地都会发生，他们主动探索的欲望会越来越强烈，主动发现的能力也令人刮目相看。幼儿经常提出令成人意想不到的问题。他们不再满足已有的发现或别人的发现，往往会探索新的问题。“老师，我发现了一个秘密！”是幼儿常挂在嘴边的话。

春天，孩子们对鸡宝宝的出生产生了兴趣，于是教师为幼儿播放了“小鸡出壳”的视频，提供了暖箱、鸡蛋、棉花、手电筒……这样的环境创设不但满足了幼儿求知的欲望，而且由此引发了幼儿帮鸡妈妈孵蛋的想法。大部分的孩子都积极地动脑筋、想办法。他们有的寻找棉花盖住鸡蛋，有的尝试用手电筒照鸡蛋，有的把鸡蛋带回家中放入棉被，有的用暖箱给鸡蛋取暖，还有的自己动手利用废旧材料为即将孵化的小鸡制作一个舒适的窝……他们主动探索的欲望越来越强烈，观察能力也不断增强。

2. 主动表现

在主动性区域游戏中，幼儿一日活动的环境会随着游戏的深入不断地变化。我们充分利用空间，精心构思活动室的每块墙面、每个角落，使幼儿在环境中主动地联想、创造和表现，与教师、同伴共享成功的快乐。

新颖的材料、独特的创意，激发了幼儿创造表现的兴趣，促进了幼儿的畅想。他们常常将一些自然材料，如各种落叶、石头、树枝、蛋壳等收集起来，放在班上的材料区，也尝试在游戏中运用这些材料。在活动后的分享交流中，全班孩子都跃跃欲试，主动介绍自己的游戏过程，就连平时特别内向的孩子也变得大胆自信了。教师将孩子们的游戏过程展示在教室墙面上，使幼儿既能相互欣赏交流，又能分享体验，激发幼儿对游戏有更强烈的欲望。

3. 主动交往

改变后的环境为幼儿创设了一个更加自由的发展空间，不但为幼儿提供了动脑思考、动手操作的机会，也为幼儿提供了大量与人主动交往的机会。幼儿在这里能进行自由的操作活动，能在与同伴交往的过程中找到模仿的对象，相互学习发展。

在游戏过程中，幼儿会遇到各种问题。教师可以让幼儿试着用自己的方法来解决问题，引导他们提出游戏建议，形成新的游戏约定，推动游戏进程的发展，提升幼儿的游戏水平。

主动性区域游戏使幼儿在活动中用恰当的语言，积极主动交往，学会一些基本的交往策略。意图材料能提升幼儿与他人共同游戏的愿望，促进同伴合作的产生，让幼儿能主动地用商量、轮流和等待的办法顺利地加入别人的活动。真实材料能让幼儿在游戏中模仿真实的生活情境、体验家庭生活，在一日活动中体验交往的快乐，与同伴友好相处、分享玩具、互相谦让，正确解决与同伴产生的矛盾和冲突。如此一来，幼儿的主动交往意识增强了，遇到挫折不会立即寻求老师的帮助，而是会继续想办法，自行解决问题，完成自己的任务。教师的观察记录表明，幼儿在良好的游戏环境中更为专注、认真、敢于探索，其主动性、创造性、持续性、社会性均有所提升。

在创设主动性区域游戏环境的过程中，常常听到家长发出这样的声音：

◎**彤彤妈妈：**孩子之前对奶奶的依赖性比较强，现在通过自由而又丰富的游戏影响，他已经能主动独立第完成许多力所能及的事，遇到事情可以独立解决。我特别开心。

◎**晨晨爸爸：**我家晨晨比较内向，现在通过主动性区域游戏的开展，他遇到事情能积极面对，也慢慢开始喜欢和同伴交流了。

◎**奇奇妈妈：**孩子缺乏自信心，在公众场合比较胆怯。在主动性区域游戏开展过程中，老师提供了丰富的材料，想办法让幼儿与环境熟悉互动，使得内向的孩子也有了展示自己的舞台。现在，我的孩子逐渐变得大胆自信，对幼儿园的各项活动均表现出积极主动的态度，有了很大进步。

◎**轩轩爸爸：**幼儿园实施的一系列教育确实对幼儿的主动性发展有很大的推动作用。对我家孩子而言，表现在我家孩子与同伴交往的能力有明显提高。她现在愿意在公共场合主动、自然地表现自我，能较快适应新环境。

◎**子墨妈妈：**之前，我的孩子总是不太愿意去幼儿园，现在她在各项活动中开始表现得非常积极主动，常把“我愿意”挂在嘴边。与同伴交往时，她经常与小伙伴一起出主意。我们衷心感谢幼儿园老师的教育。

二、理论支持

幼儿只有在符合其身心发展的环境里，才能发挥出最大的学习积极性。从心理学的角度来讲，当幼儿有畏惧感时，他们的学习欲望就会降低，本应该发展的想象力和创造力就会被抑制。要想让幼儿在主动性区域游戏中获得充分的满足和愉悦，必须选择有意义的环境。支持幼儿主动学习的环境对于幼儿的学习至关重要。维果斯基强调幼儿是积极主动地建构知识的。他认为，幼儿与熟练的帮手进行对话能使幼儿形成更为系统的、更有逻辑的、合理的概念。因此，在维果斯基看来，他人和语言对幼儿的认知发展发挥了重要作用。他指出，当任务对于幼儿来说太难，自己无法独立完成，但在成人或能力强的幼儿的帮助和指导下能够学会时，那就是该幼儿最近发展区的范围，因此最近发展区的下限是幼儿能够独立达到的技能水平，上限是在指导者的帮助下能够达到的技能水平。在有关最近发展区的观点中，维果斯基提出脚手架的概念，指出在教学过程中，更有能力的人(老师或是较高水平的同伴)要调整指导的程度以适应幼儿当前的水平。

在主动性区域游戏中，教师借鉴了“鹰架”理论，为幼儿提供满足需求的游戏环境和材料，在游戏过程中适时地给予其支持和鼓励，充分尊重幼儿的自主性，激发其主动学习，促进其语言和思维水平的提升，让幼儿的游戏不断深入。

班杜拉的社会认知理论同时关注了人的内在心理和外显行为，这一理论把行为、环境和认知都纳入影响幼儿发展的重要因素中。班杜拉强调幼儿是通过观察旁人的行为来习得自身行为的；幼儿的认知行为可以影响环境，环境也可以改变幼儿的认知。创设民主、自由、开放、有序的主动性区域游戏环境，让环境邀请、召唤每一名幼儿自主参与，让每个角落都散发出魅力，保持空间的可及性、自由互动性，激发幼儿主动学习。在主动性区域游戏中，幼儿是区域的主人，他们能合作商讨游戏区域设置，参与材料的投放，相互交流，共同合作，能在其中感到放松、愉悦并对游戏保持浓厚的兴趣。在主动性区域游戏环境中，教师重视并开始观察幼儿、解读幼儿、读懂幼儿，针对幼儿的发展提出挑战，让幼儿在游戏的同时自然、积极、快乐地学习和体验。

案例分享

小改变，大乐趣

为了促进幼儿全面发展，激发幼儿自主游戏，我们开展了一系列的学习、研讨活动，围绕区域材料深入研究。在学习主动性区域游戏材料投放原则之后，大家了解到低结构材料和高结构材料对幼儿发展的不同意义，理解了为什么孩子对老师精心制作的玩具不感兴趣。这些高结构材料有其固有的形状、结构、目标及操作方法，探索和教育目标比较单一。幼儿在了解了这些操作方法、习得相应的知识后，就会对材料失去兴趣。因此，我们在区域游戏中应该多为幼儿提供无固定玩法、可以达成不同目标的低结构的材料，这样幼儿就可以根据自己的兴趣，发挥想象力，自创相应的游戏情景，开展主题不同的游戏。

我们在艺术区投放了一些贴近幼儿生活的低结构材料，如纸板、纸杯、卷纸筒、即时贴、奶粉勺等。低结构材料的加入，激发了孩子们创作的兴趣。他们巧妙地将美术绘画、手工制作这两种形式进行了融合，奶粉勺成了画中的花心，冰糕棒成了画中的树干，纸杯成为朵朵美丽的太阳花，蛋糕盘成了一条条灵动的小鱼，甚至在我们看来有危险的订书机都由孩子们自由取用（见图 2-1）。他们在艺术区里随

图 2-1　艺术区真好玩

心创作、流连忘返。

我们为积木区投入了空心大积木、单元小积木和插塑玩具、牛奶盒、瓶盖、纸杯等辅助材料。之前孩子们在积木区只是简单地合作搭建，没有太多的交流。但投入低结构材料后，幼儿的游戏兴趣被激发出来了。孩子们将纸芯筒当作警棍，用插塑玩具拼插成手铐（见图 2-2），扮演起了警察，搭建了“警察局”，产生了“巡逻”“捉小偷”等游戏。整个活动中，幼儿兴趣高涨，衍生出许多有趣的情节。低结构材料为游戏的发展提供了有力的支持。除了低结构材料外，意图材料也能很好地促进幼儿的游戏深入发展。

图 2-2　在积木区大显身手

之前的游戏中，孩子们大多数是看到什么就玩什么，很少有以物代物的游戏。在家庭区加入了空洗衣液瓶、空沐浴露瓶、纸盒、布块、空果汁罐等意图材料后，幼儿的游戏更加丰富。一次游戏中，丁丁拉着一些洗衣液、沐浴露的空瓶去送“快递”。他一边用手敲门一边嘴巴里发出“笃笃笃”的声音。琪琪扮演的爸爸离门口最近。他在打游戏，听到敲门声，便立即起身开门。丁丁笑眯眯地说：“你们的快递！”琪琪接过快递走进房间，对扮演妈妈的依依说：“这是刚刚送来的快递！”说着，琪琪将洗衣液、沐浴露的空瓶都递给依依。看到沐浴露的空瓶，依依说：“我们给宝宝洗澡吧。”甜甜点头表示同意。他们从材料区找了一个大盒子和一块布，把宝宝放在盒子里，假装在宝宝身上倒了些沐浴露，用布擦洗（见图 2-3）。依依抱起

图 2-3　在家庭区劳动

宝宝，对甜甜说："你闻闻香不香？"甜甜闻了闻，微笑着点点头："嗯，真香！"因为快递员送来了沐浴露的空瓶，引发孩子新的游戏行为，他们的游戏内容得到了延伸和拓展。

玩具区的材料改变以后，以前冷清的区域一下子变得热闹起来。一次游戏中，孩子们看到恐龙、汽车等玩具，展开了一场关于"恐龙救援"的活动。

桐桐拿起了一只恐龙，对小伙伴们说道："我发现了一只恐龙，它好大呀。"

兮兮回应道："我也发现了一只，它在天上飞。"

"你们快看，那是恐龙岛。"桐桐指着远处大喊道。顺着桐桐手指的方向，小伙伴们看到甜甜用插塑玩具拼插了一个围栏，里面有各种各样的恐龙，其中有一只恐龙倒在地上（见图 2-4）。

图 2-4 带恐龙去治病

桐桐看到后，问："这只恐龙怎么了？"

甜甜说："这只恐龙生病了，怎么办呀？"

桐桐环视了一圈后，发现一辆运输车，便对甜甜说："我开车送它去医院。"桐桐和甜甜将恐龙放到车上，送它去恐龙医院。路上他们遇到了一个车队挡住了去路，原来是欣欣组织的车队去游玩。说明了情况之后，欣欣的车队马上让开了道。桐桐顺利将恐龙送到了医院，成功治好了它。一切就这样繁忙有序地进行着。

我们总是强调提供的材料要丰富一些，但这并不意味着材料越多越好。低结构材料、意图材料的灵活运用，可以更好地丰富游戏内容、扩展游戏情节，进而提升游戏水平。

乘大巴车旅行

"去旅行"是大四班幼儿近期开展的亲子实践活动。在实践活动过后，幼儿谈到了他们旅行过的地方、出行的交通工具等。教师发现孩子们对大巴车特别感兴趣，会经常在积木区建构大巴车，说要开车去旅行。

这一天，依依计划和桐桐、甜甜一起搭建大巴车。他们拿着大巴车玩具来到艺术区，开始画结构图。设计好后，三个小朋友拿着图纸来到积木区，准备搭建。桐桐决定先用空心大积木搭建车身。他很快就围出了车身轮廓，放上了方向盘。依依并不急着搭建。她和甜甜拿着大巴车玩具看来看去，然后模仿玩具搭建了封闭的围拢结构。她们试着坐到车里，结果发现车身太小，无法容纳两个人乘坐。随即依依将封闭围拢的车身调整为U形结构。车身构建好后，依依又拿来一些小椅子，依次摆进车里，说道："座位摆好了，我们一会儿就可以坐了。"甜甜说："好，我们去拿车票吧。"她从图书区拿了几个小册子递给依依，说："这是我们的车票。"桐桐进入驾驶室的位置，大声说道："我是司机，甜甜你来做售票员吧，检查完后就可以出发了。"（见图2-5。）甜甜点点头，其他孩子依次排着队，检票后坐上了大巴车。

图 2-5　大巴车开动了

一连过了几天，孩子们都在重复进行着简单的角色游戏，兴趣逐渐减弱。教师发现他们只有关于乘坐大巴车的简单经验。为了促进游戏的进一步开展，教师投放了意图材料，包括方向盘、行李箱、地图、身份证、本地标志建筑物图片等，想帮助幼儿产生到西安名胜古迹旅游的兴趣，迁移已有生活经验。

这天的游戏时间，孩子们兴致勃勃地来到该区域。彤彤提议道："我们今天坐大巴车去大雁塔旅行吧。"甜甜说："好呀，那我们先搭建一辆大巴车。"悠悠拉着行李箱过来，说道："我们得准备旅行要带的东西。"商量之后，他们决定分工合作。几个男孩子去搭建大巴车，女孩子边查看地图边设计路线。悠悠拉着行李箱在家庭区选择了衣服、帽子、手机、墨镜，在玩具区选择了魔方、雪花片，在艺术区拿了一些珠子、毛根，在图书区选择了绘本（见图2-6）。甜甜还带了身份证和地图。

图 2-6　装好行李箱

一旁的男孩子们正在热火朝天地搭建中，有的安装方向盘，有的搭建车身，有的摆放座位。桐桐说：“我们今天人多，得搭得大一些。”琪琪说：“别忘了放上灭火器。”很快他们就搭建好了大巴车的框架。桐桐拿出纸杯当大巴车的灯，并将方向盘固定在驾驶室的位置。曦曦在一旁用纸板和纸箱搭了一辆小汽车，打算和大巴车一起去旅游。

大巴车搭好后，琪琪选择当司机，桐桐当导游，而乘客们则带着自己的行李登上了大巴车（见图 2-7）。曦曦对琪琪说：“你先出发，我开车就跟在你后面。”愉快的旅行开始了。当甜甜看到远处贴着的大雁塔图片后，激动地喊道：“大雁塔到了！”下了大巴车后，桐桐拿着小旗说：“你们跟着我，我带你们去看大雁塔，给你们介绍介绍。”悠悠说：“先等一下，今天太热了，我准备了帽子。”说完她从大巴车上拿出行李箱，戴上墨镜，给每位乘客发了一顶帽子。等所有人戴好帽子，她们便跟着“导游”到了“大雁塔广场”，悠悠、琪琪、甜甜还拿出手机开心地和大雁塔合照。参观完大雁塔后，孩子们准备休息一会儿。悠悠取出了行李箱中的雪花片当作午餐分发给大家。有的小朋友假装在喝水，有的小朋友假装在吃面包，还有的小朋友在玩魔方。悠悠还拿出毛根，给每个人发了一根当作雪糕。随后，桐桐拿出了地图，与伙伴们商量着去参观兵马俑的路线。琪琪又开车带着大家赶往兵马俑。他们还去了大唐芙蓉园、曲江遗址公园、城墙等（见图 2-8）。就这样，一行人愉快地完成了旅行。

图 2-7　坐大巴车去旅游

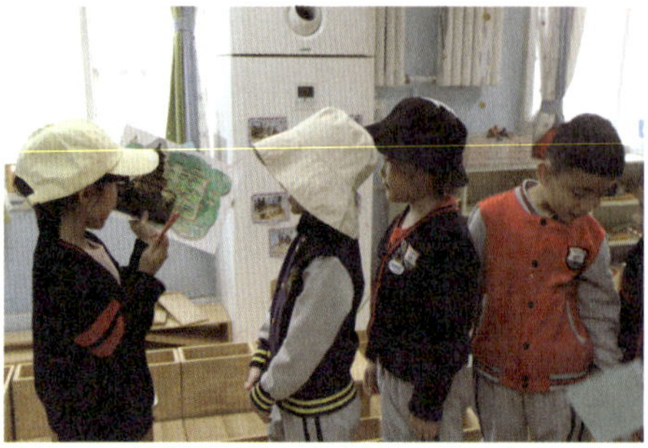

图 2-8　快乐的旅行

当孩子的游戏水平停滞不前时，教师通过投放意图材料，将孩子们简单的游戏内容加以深化和丰富，激发幼儿的游戏意图，满足幼儿的游戏需求。幼儿在自由选择和自由操作的环境里，与材料互动，那些开放的、多用途的、可供幼儿自主使用摆弄的意图材料，对他们获取直接经验及自身发展起到了至关重要的作用。

坦克大战

我们在大三班创设了一个放置了低结构材料的开放性学习环境，在其中设置了家庭区、积木区、玩具区、艺术区、图书区五个区域。有准备的环境为幼儿提供了开展不同类型的主动性区域游戏的条件。这种环境满足了幼儿的学习需求，并有助于形成一种积极的氛围。材料是幼儿活动的对象。提供与幼儿的年龄特点、经验、能力和需求相适应的材料，能提升他们的学习主动性，使他们在没有压力的环境中主动观察、发现问题、独立思考、解决问题。

图 2-9　用空心大积木搭个坦克

最近小朋友们对搭建坦克十分感兴趣，有时会用纸砖积木垒出类似围墙的东西，之后坐在里面假装打仗，有时又会用空心大积木搭个坦克的架子（见图 2-9），打开窗户从里面进行机枪扫射。坦克是一种伤害性很强的武器装备，孩子们了解坦克的结构特点和功能吗？他们搭建坦克玩打仗的游戏意图如何进一步丰富？游戏水平如何进一步提升？基于幼儿的兴趣，我们在积木区投放了常见的各种各样的坦克图片、坦克内部的结构图片、奶粉桶等，以激发幼儿的搭建兴趣。

当孩子们发现所投放的坦克实物图片后，大家你一言我一语地讨论起来。“你看，坦克是有履带的。”“人得从上面进入里面。”游戏时间，几个孩子做完计划后就开始工作了，他们显然知道自己需要先搭建什么后搭建什么。只见他们先取来几把小椅子摆放好，说要让人坐在里面开，然后便根据椅子摆放空间的大小开始搭建合适的坦克的主体部分。可是履带怎么搭呢？孩子们开始了一番争吵。桐桐说：“用方形的空心积木躺着摆几个就行。”洋洋说：“不行，履带会往前走，方形走不了。”教师在旁边也思考并重复这个问题：“履带会往前走，用什么材料能让履带动起来呢？我们去找找吧！”孩子们马上开始在教室中四处搜寻合适的材料，不一会儿洋洋大声叫道：“找到了！就是这个圆的奶粉桶。”桐桐说：“对，它能动！”于是他们迅速用4个奶粉桶和2个长板搭出了对称的履带（见图2-10）。在游戏快要结束时，坦克还没有搭完，但是他们却很开心，对搭出来的履带非常满意。教师肯定了孩子们的想法，随后将孩子们搭履带的方法拍下来，贴在了积木区的墙上。

图 2-10　搭建履带

幼儿具有简单的坦克搭建经验，但在搭建履带时发生了争执。教师没有直接提出建议，而是促成游戏的继续，并将幼儿的搭建方法用照片进行记录和展示。这一方面是对幼儿挑战成功的肯定，另一方面则是让环境发挥作用，为幼儿后续更多的搭建提供支持。教师发现幼儿在搭建过程中，只是简单地搭出了坦克的主体部分和履带，其他的细节像炮筒、炮弹并未涉及。为了丰富他们的搭建内容，教师在艺术区又加入了纸杯、纸箱等材料，在家庭区加入了大盆、小盆等真实材料。

第二天，孩子们计划要搭完一辆真正的坦克，然后一起去打仗。有了前一天的经验，他们用最快的速度搭好了坦克的身体、履带。该搭炮筒了，有三个小朋友几乎同时在制作炮筒。洋洋坐在地上思考了许久，说："坦克的炮筒到底用什么材料搭呢？""是呀，炮筒用什么材料搭呢？我们一起去找找吧。"曦曦说完便拉着洋洋去找材料。他们来到艺术区，发现了一次性纸杯。他们摆弄着纸杯，想将纸杯连接起来。洋洋说："我们把这些杯子连接在一起，这样应该就像炮筒了！"曦曦和洋洋一起把连接好的纸杯放在了坦克上，纸杯成功地立住了。曦曦激动地说："我们成功了！"洋洋自豪地对同伴说："我这个炮筒是用纸杯做的，垒起来特别像。"甜甜说："不行，炮筒得特别结实，你那纸杯是软的，一会儿就被敌人的大炮炸没了。我这个是用积木搭的，最结实。"这时晨晨去美工区找来了一个保鲜膜纸筒，自豪地说："我这个也行，掉在地上摔不坏。"三个小朋友都有自己的想法，一直到活动结束也没决定到底用谁的方法。回顾时，大家针对哪种做法更适合讨论了起来。沫沫提醒大家说，炮筒好不好，得看它能不能发射大炮。这一下大家恍然大悟，纷纷出主意，终于想出了完美的办法：连接两个长的保鲜膜纸筒作为炮筒，用报纸自制炮弹。说干就干，他们做好了炮筒和炮弹，然后把炮弹放进纸筒里，用棍子一捅便成功了（见图 2-11）！班里更多的小朋友们都聚集在了坦克周围，关注炮弹的发射过程。

图 2-11　搭建炮筒

第三天，孩子们的兴趣依然很浓厚，他们与教师一同在电脑上搜索坦克的细节图片和相关介绍，了解到作战时士兵之间需要随时沟通及遇到危险时需要紧急逃生。孩子们受到启发，便用酸奶杯在坦克上垒出了两个信号台，用纸砖搭出了紧急逃生出口，用插片制作出了顶部的机关枪……经过不断的完善，雄伟的大坦克终于搭建出来了！孩子们兴奋得跳了起来。在辰辰的建议下，他们很快便给自己的战队起了一个响亮的名字——"宇宙最强坦克战队"，还吸纳了其他区的小伙伴扮成伙伴或敌人，展开了期待已久的对战。洋洋坐在坦克上自豪地说：“我们的坦克能真的发射大炮，你们可要小心啦！”激烈的战斗开始了。“宇宙最强坦克战队”来势汹汹，炮弹一个接一个，对方毫无反击之力，只能左右躲闪。最后他们从家庭区找来了饭锅、大盆、小盆，从艺术区找来了纸箱子，从图书区找来了大书作为自己的防御武器(见图2-12)。战斗全方位升级，大家的游戏兴趣更浓厚了……

图 2-12　激烈的战斗开始了

在主动学习的环境中，幼儿的游戏意图完全是自发的，通过与材料、人、时间及空间的自主互动来获得直接经验，主动建构他们对这个世界的认知。那些开放的、多用途的低结构材料，能为幼儿的主动学习奠定基础。意图材料则能激发幼儿的游戏意图，对幼儿获取操作经验及自身发展起着至关重要的作用。我们要积极创设适宜的环境，促进幼儿主动学习。

快递游戏

区域游戏材料越丰富、形式越多样，幼儿在操作过程中就会变得越聪明、自信、大胆。利用安全、环保的废旧物品是很好的丰富区域材料的办法，而这需要教师、家长和幼儿的配合。

当前，收发快递已经成为每家每户的日常事宜。一次在大班家庭区中，幼儿自发地玩起了送快递的游戏。亮亮说：“有人吗？你的快递到了！”佳佳说：“好的，来了！”旁边的幼儿听到他们的对话后也纷纷赶过来说：“我也想收快递，给我一个……”(见图2-13。)幼儿对快递游戏产生了浓厚的兴趣。为了维持幼儿的游戏兴趣，我们开始了一场讨论。

教师问：“你收到的快递是什么样子的？”

佳佳说：“是用袋子装的。”

亮亮说:“是用纸盒装的。”

教师问:“谁运快递?他们用什么工具运?”

佳佳说:“用三轮车、电动车、大筐运快递。”

孩子们讨论后认为,玩快递游戏除了要有快递员,还需要车、各种快递盒子和袋子等。大家可以从家里带来玩具车、自行车等,并收集各种废旧纸盒、快递盒、快递袋。讨论活动后,孩子们开始收集快递游戏所需的各种材料。接下来,教师和幼儿一起将材料投放到家庭区并在那里开辟了一个空间来放材料,也就是各种快递纸盒、自行车、玩具车等。

图 2-13　忙碌的快递员

有了材料以后,快递游戏基本上都处于幼儿自发探索阶段。在一次游戏中,亮亮和佳佳推着自行车,拉着各种纸盒、纸袋,愉快地送起了快递。不一会儿,亮亮就推着空篮子,对佳佳说:“我送了好多快递!”佳佳说:“我也是,快递全送完了。”送完快递的两个“快递员”开始无所事事,在家庭区乱转了起来。有的孩子发现自己身边已经堆满了快递,有的却没有收到一个快递。

经过观察,教师发现幼儿之所以送快递很快,是因为快递盒上没有标记,“快递员”只是随机派送快递,导致有的快递多、有的快递少。幼儿纷纷表达了自己在游戏中遇到的问题和疑惑。大家一起讨论怎样才能解决这些问题。大家根据接收快递的经验,建议给每件快递贴上标记。教师追问道:“贴什么标记?家里收快递时快递盒上贴的是什么?”孩子们想到了快递单,说快递员是按快递单上的地址来送快递的。但是真实的快递单上要填写收件人和寄件人的地址、姓名、电话等多种信息,且快递单上填写信息的空间很小,不适合幼儿操作。因此,教师投放了一些简单的数字卡片、人物图片,鼓励幼儿自己设计快递单。有的小朋友画了头像,写了学号,有的小朋友贴了照片,写了数字。大家按照学号照片来送快递,再也没有多送少送的情况。在后续一周左右的快递游戏中,幼儿都情绪高涨,轮

图 2-14 争当快递员

流当快递员，也非常乐意收到快递（见图 2-14）。

在游戏开展的三周里，幼儿收到的快递盒都是空的。刚开始，大部分幼儿还满足于送快递或收快递的简单情节。到了游戏后期，幼儿的兴致已经没有原来那么高了。一次偶然的机会，琳琳收到了一个会发出声响的快递，她举起来不停地在耳边摇晃，试图打开来看个究竟（见图 2-15）。琳琳的举动引来了同伴们的关注，大家纷纷猜测会是什么东西。她充满期待地说："我想给我的娃娃买件连衣裙！她的裙子都小了！"其他幼儿也说："我想买鞋子给娃娃家的宝宝。""我想买冰淇淋。""我想买裙子。""我要买发夹。"快递游戏随即进入了一个新的阶段。幼儿已经不仅仅满足于前期简单的收发快递，他们希望有更多的互动与情节，期待有更多的惊喜、挑战和的游戏体验。

接下来的几天里，幼儿陆续带来了各种想购买的物品，如发夹、花及小时候穿过的衣服、鞋子等。为了便于幼儿玩游戏，教师提供了简易衣架和晾衣架用来悬挂幼儿带来的各种衣服；为了方便打包，教师和幼儿一起收集了鞋盒、牛奶盒等；为了满足幼儿在购买物品时的不同需求，教师准备了带有数量标记的若干小夹子和"我们的购物单"。

图 2-15 装满快递盒

每个孩子先在“我们的购物单”上列出当天要购买的东西，再交给专门的人配货。今天是由妙妙、琳琳、佳佳负责配货。妙妙收好购物单后，拿着快递盒开始装东西，装好之后交给佳佳和琳琳。她俩负责画快递单。她们画好之后，叫来今天的快递员亮亮和霖霖，让他们来取、送快递。亮亮和霖霖认真查看快递单，拉着快递送给每个人。“这个是可可的。”“这个是楚楚的。”孩子们收到后拆开盒子看到自己喜欢的衣服、鞋子、发夹，都露出了开心的笑容（见图2-16）。幼儿在整个游戏过程中都能自主尝试和解决问题。如“理货员”配错货后，大家一起对照订单进行调整并重新配货；当订单上的“冰淇淋”等物品没有或数量不够时，幼儿会自发地用杯子替代或自己动手制作。

图2-16　收发快递

活动环境和材料是游戏开展的重要保障。利用安全、环保的废旧材料既丰富了区域材料，又降低了成本，还提高了教师的创新能力，发展了幼儿的综合素质。新颖的材料、独特的创意，会促进幼儿创造性地表现和自在畅想。在创设主动性区域游戏环境时还要有一定的计划性，根据幼儿的实际发展水平有层次地投放材料，分期分批地不断更新，由易到难，不断吸引孩子自发参与活动。我们应努力让每个幼儿都能根据自己的需求选择，都能体验到成功的乐趣。

守护“超人”的梦

图 2-17 玩做饭游戏

工作时间，大班的墨墨和曦曦在玩做饭游戏（见图 2-17）。墨墨将菜洗好做好，对曦曦说道：“菜做好了，快来吃吧。”曦曦尝过后直夸墨墨做得好吃。墨墨说：“我喜欢当厨师，你想当什么呀？”曦曦想了想说：“我想当超人。”墨墨问：“你为什么要当超人？”“超人可厉害了，当超人能干好多事情。”曦曦说道。“那我也要和你一起当超人。”于是，两个小朋友举起自己的小拳头，扮演起了超人。

这个时期的孩子们开始了英雄崇拜，喜欢模仿英雄的言行、着装。在这一过程中，英雄的某些特质才是孩子追求的核心，他们会把这些特质转为我用，一点一滴地建设自我。在孩子们的想象里，自己仿佛已经化身为他们：超人、蜘蛛侠、黑猫警长、哪吒、孙悟空、巴啦啦小魔仙等。孩子们似乎已有了神奇的魔力、强大的力量、过人的智慧、美好的心灵。为了保护幼儿的英雄梦、满足幼儿游戏的欲望，教师在家庭区投放了小超人、蜘蛛侠、黑猫警长、哪吒、孙悟空、巴啦啦小魔仙的衣服，以及面具、斗篷、魔仙棒等有特殊意义的材料。

游戏时间，曦曦和墨墨来到家庭区。曦曦看到小超人衣服开心地说道：“我可以当真正的超人了。”说完他便将超人衣服穿上，披上斗篷，戴上面具。墨墨则穿上巴啦啦小魔仙的衣服，拿上魔仙棒，扮演起了小魔仙。曦曦对墨墨说：“我们的任务是守护大家。”说完他便带着墨墨开始了巡视。他们穿梭于教室里的各个区域，寻找需要帮助的人。起初几天，他们当小超人和小魔仙的时候非常“敬业”，在各个区域巡视。过了几天后，他们不再溜达了，而是投入到了做饭游戏中当起了小厨师（见图 2-18），或是穿着超人衣服投入到搭建房子的游戏中。

经过观察，教师发现，曦曦每天都想当超人，但是没有人遇到困难来求助他去解决，所以他只能扮演一个回家做饭的超人或是搭高楼的超人。为了继续超人游戏，教师在班里投放了新的游戏材料，有会响的小手枪、电话等。

图 2-18 “小超人”和“小魔仙”当起了小厨师

这天，曦曦像往常一样穿上超人衣服，开始去做好吃的。佳佳也来到家庭区，看到新投放的小手枪便拿起来试了一下，小手枪立马发出了警报声。

曦曦听到后，马上放下手中的食物，跑过来问道：“怎么了？要我帮你吗？”

佳佳想了想说：“我的小狗丢了，你能帮我找到吗？”

曦曦听了立马严肃地说：“我会找到的。”说完他问了佳佳的小狗的样子，开始在每个区域寻找小狗，终于在图书区找到了佳佳所说的小狗。曦曦将小狗交给佳佳（见图 2-19），开心地说：“我找到它了。”

佳佳说道：“谢谢，你好厉害。”

帮佳佳解决问题后，曦曦仿佛找到了超人的使命，他拿出家庭区里的所有会响的小手枪，给每个区域的小朋友分发一把，并对区域里的小朋友说：“这手枪会响，你们有事就按它，我就来帮忙了。”

图 2-19 “超人”帮佳佳找回了小狗

积木区的小朋友一听到小手枪会发出声响，都好奇地围过来，正好甜心的手机找不到了。

钊钊提议道：“我们找超人帮忙吧。”说完钊钊便按响了手枪。“超人”曦曦听到响声后，马上赶来，问道：“怎么了？”

甜心说：“我的手机丢了，

你能帮我找到吗？”

曦曦说：“好，我会帮你找到的。”说完，他就开始在各个区域寻找，最终在艺术区的桌子下面找到了甜心丢失的手机（见图 2-20）。

图 2-20　“超人”帮甜心找到了丢失的手机

随着游戏的进行，手枪警报声不断响起，曦曦觉得自己有点忙不过来了。墨墨对曦曦说：“我和你一起吧。”说完，墨墨穿上小魔仙的衣服，和曦曦一起忙碌起来。

玩了这次游戏之后，曦曦对自己的超人游戏又充满了兴趣，班里的小朋友们也渐渐对这个游戏产生了兴趣，纷纷想加入超人游戏。这天，更多的小朋友来玩超人游戏了（见图 2-21）。做计划的时候，曦曦说：“我还想当超人。”墨墨说：“我想当小魔仙。”钊钊的计划是当蜘蛛侠，甜心的计划是当闪电侠。这么多“超人”需要一个容身之处，孩子们商讨一番后决定在积木区搭建“超人之家”作为“超人”的“办公”场所。搭建好后，曦曦说道：“我们可以给家里安上电话，这样给我们打电话也可以。”说干就干，他们从家庭区拿来了电话，安在了“超人之家”的桌子上。布置好后，他们进行了分工合作：钊钊负责接电话；甜心负责听手枪警报声；曦曦和墨墨负责出动去解决问题。当班里

图 2-21　越来越多小朋友加入“超人之家”

有小朋友“打电话”说玩具区的恐龙失踪后，钊钊通知墨墨和曦曦立即出动，寻找恐龙。甜心听到警报声后，也告知曦曦和墨墨，帮助小朋友解决问题。“超人之家”有序地工作着，帮助小朋友们解决了一件又一件事情，找到了失踪的恐龙，银行的大火也扑灭了，生病的娃娃也被送往医院救治了……接受帮助的孩子们都非常感谢“超人”。曦曦在和小朋友们一起玩的游戏中有了很大的变化，他变得越来越热情，会主动询问身边的小朋友们是否需要帮忙。也许是因为玩超人游戏时产生的责任感，也许是被帮助的人的一声声“谢谢”，玩过超人游戏的小朋友在生活中也渐渐变得喜欢帮助别人。

每一个孩子都拥有一个属于自己的小世界。教师不仅要有维护幼儿美好梦想的初心，更要有帮助幼儿实现梦想的专业能力。教师要在区域里为幼儿提供一些能让其感受到权力或力量的材料，如上述案例里的斗篷、小魔仙衣服、超人衣服等，让幼儿通过角色扮演，用积极的方式完成他们的使命，并试图理解“强大”究竟意味着什么。教师要通过提供与权力相关的材料来支持儿童表达这种兴趣，完成他们的“伟大使命”，守护他们那爱做梦的心。

第三章

主动性区域游戏的组织方法

不要骤然命令小孩子停止游戏或停止工作。小孩子不仅喜欢做事的过程，也喜欢得到做事的结果。我们现在遽尔叫他半途中止岂不是剥夺了他在做事成功后感受到的快乐，岂不是使他养成了一种有始无终的坏习惯吗？

——陈鹤琴

教师对幼儿游戏的科学组织是保证幼儿顺利开展游戏的前提条件。教师在深入认知了幼儿游戏的特点、理解了游戏的实质后会进行有目的的组织，如在区域游戏中教师会为幼儿创造良好的游戏环境，根据其发展目标设定主题来激发幼儿产生游戏欲望；在开展游戏活动之前鼓励幼儿制定好计划，支持幼儿有步骤、有目的地开展游戏；充分利用游戏的教育作用，减少游戏的盲目性；为幼儿游戏的开展提供充裕的时间，保证游戏的质量和水平；对幼儿的游戏进行观察和记录，在他们需要的时候根据其年龄特征进行有目的的指导；支持幼儿在游戏中获得经验，体验游戏的快乐，从而使幼儿的思维、想象力、社会交往能力和解决问题的能力等得到积极充分的发展。

第一节　思考：区域游戏中的组织环节

早餐后就是区域游戏时间。西西目标明确，直奔自己想去的建构区，拿起积木就开始搭了起来。齐齐则在区域前徘徊，她似乎是在考虑今天到底玩什么的问题。只见她在各个区域周边都转转看看，最后才下定决心选择玩益智区的接龙游戏。莱莱是个爱思考的小女孩，每次选择区域前，都会和要好的小朋友一起商量。今天她和好朋友芳芳商量好要去娃娃家给宝宝洗澡，结果等她俩来到娃娃家时，娃娃家已经有好几个小朋友在玩游戏了。因为没有进区牌了，她俩只能选择人数还不算多的图书区去看书。幼儿有序地进行着游戏，在各自的区域中选取材料，轻声交流。佳佳想给娃娃做裙子，她抱着娃娃走向美工区的位置。"佳佳，娃娃不能带到美工区去。"悦悦提醒道。"哦，对了，我差点忘了。"佳佳放下手中的娃娃。

随着时间的推移，音乐响起。"时间到了，该收拾玩具了。"幼儿们相互提醒。他们整理着手中的材料和玩具。建构区的"高楼"被建造者们一一"爆破"，其他区域的幼儿也在整理归位。收得快的幼儿已经回到自己的座位上，收得慢的也在老师的提醒下"手脚并用"。为了尽快过渡到下一个环节，教师请动作快、收得好的幼儿来帮忙，催促其他幼儿尽快离区。

整理好区域材料后，教师请幼儿围坐在自己周围，对今天的区域活动进行评价："谁来和大家分享一下，你今天玩的什么游戏？"双双举手说："我今天在图书区看书了，看的是《爱哭的猫头鹰》。我看完还给莱莱看了。""很好，你是一个懂得分享的好孩子。谁还想说一说今天的区域游戏？"西西说："我和乐乐今天在建构区搭了高楼，上面还有一个灯塔。结果没搭完就该收区了，我俩便一起收了积木。"教师评价说："对，我看到你们把积木都放到了原来的位置，并且摆放得很整齐。大家要向他们学习。"几分钟的时间，教师和幼儿完成评价活动，接着开展班级的其他活动。

以上是传统区域游戏活动的真实案例之一。活动中教师以幼儿的兴趣为主要依据创设了游戏情境：以欣赏为主的图书区、故事区；以表现为主的美工区、表演区、建构区、娃娃家；以探索为主的科学区、益智区、植物角。教师设定各区的内容，投放相应的材料，按照不同的教育目标更换材料。幼儿在这些区域中自选活动，按规则进行游戏。在传统区域游戏过程中，教师通常更注重维持区域开展的常规，严格执行游戏的开始和结束时间，游戏整理环节多安排能力强的幼儿整理，有时因为时间关系教师也会帮忙收拾整理，最后会根据幼儿在区域活动中的表现进行简单的评价。传统区域游戏虽然是区别于集体活动的、幼儿较自由的个体游戏，但从幼儿的主动性和对游戏的主导来看，还存在诸多明显的缺点。

一、游戏前

传统区域游戏没有充分激发意图的鼓励商讨和计划表达环节，往往是教师结合主题内容或者是按幼儿的年龄特征预设游戏内容，投放游戏材料。幼儿在游戏前并没有考虑好游戏主题和内容，游戏的计划性和目的性不明确，游戏的价值得不到充分的体现。传统区域游戏多以教师主导的目标性计划为主，缺少幼儿自主性的计划活动，对幼儿的发展有一定的限制。

二、游戏中

（一）各区域人数有限定

传统区域游戏出于安全和场地的考虑，一般不建议幼儿在区域内游戏时在各个区域间走动或混用材料。为了避免拥挤，各区域会规定活动人数，每个区域只能进四五名幼儿。人数的限制影响了幼儿自主选择区域的权利。游戏中相对固定的玩伴，一定程度上影响了游戏内容的深入，不利于其主动游戏和提升学习能力。

无奈的果果

周一的早晨，中一班的小朋友吃完早餐陆陆续续地开始进区游戏了。果果来到小医院门口，看见橙橙和其他几个小朋友正在扮演医生和护士的角色，给娃娃看病。“宝宝生病了吗？要吃药还是打针？我来给宝宝打针吧！”果果说。橙橙说：“可以呀，快来快来！宝宝发烧了，病得可严重了！”于是果果便进入小医院和小伙伴一起玩了起来。过了一会儿，小朋友们发现果果没有佩戴进区牌，而小医院门口挂的进区牌也没有了。橙橙说："让我数数看，现在有两个医生、三个护士，我们都有进区牌呢。这里只能进来五个人哦，没有进区牌就不能玩了。"果果遗憾地说："那好吧，我下次再来给宝宝打针吧。"说完她依依不舍地离开了小医院，来到科学区，却发现科学区也没有进区牌了。她又转到美工区，发现人也满了。最后她来到图书区，图书区还剩两个进区牌。果果自言自语道："看来我只能看书了。"然后她从书架上拿了一本绘本，看了起来。

（二）区域游戏中选择有限制

幼儿在区域游戏中自由度不高，在玩的过程中与其他区域的幼儿缺少互动。幼儿更多的是在一个区域内游戏，与其他区域的幼儿联系不多，和其他区域的幼儿交流也甚少。

混龄班区域游戏时间，玥玥说："我今天想去娃娃家照顾宝宝，给宝宝做饭。"玩了一会儿，她自言自语道："我需要一些豆子。"赫赫说："这里没有，豆子在美工区！"由于材料不能跨区域使用，玥玥最终放弃了给宝宝做饭的游戏。

因为受制于区域游戏规则，幼儿形成了固定的思维与行为模式，在游戏中无法体验真正的自由。传统游戏中教师会将游戏任务通过环境材料提示在区角中，大多数情况下幼儿是在教师预设的情境中进行游戏。

幼儿在规则的限制下习惯了一旦选择了某个区域就在这个区域中游戏，属于这个区域的游戏材料，不能随便拿到别的区域中玩。如果幼儿经常在区域之间走动，教师常常会提醒幼儿，坚持把一件事做完。如娃娃家的幼儿按照包饺子的流程图一步一步地进行包饺子的活动；表演区的幼儿根据节目的内容和时间一遍一遍地排练；建构区的幼儿根据主题墙上的内容，在地上练习拼搭；在美工区游戏的幼儿按照魔法水滴的步骤图一步一步地变出"自己的魔法"。幼儿几乎都在一个区域里进行游戏。有的幼儿完成了游戏任务，但是他们并不会主动离开，而是仍在这个区域中等待，甚至将活动区弄得混乱不堪。他们的眼神好像在告诉教师："怎么还不收玩具呢？"

幼儿在区域中按要求完成游戏任务，看似秩序井然的游戏场景实则让他们没有了选择的自由。他们按照设定的规则进行游戏，成为被安排的角色，没有自己的想法。游戏不能很好地激发他们内心的兴趣和情感，会影响其主动性思维的发展。

（三）游戏中缺少基于观察的指导，教师忽视了介入的时机

传统区域游戏中，教师虽能关注到游戏的作用，但忽视了观察的指导多出于教师的主观意图。教师的介入干扰、转移或替代了幼儿原来的活动意向，并不能很好地支持幼儿游戏的深入发展。

忙碌的老师

混龄班的区域游戏时间，新开的小医院人满为患。看到幼儿都在给娃娃打针，并没有按照设置的看病流程开展游戏，老师连忙捂住肚子加入其中。“哎呀，我生病了，我要挂号看病。这里怎么没人？”听到老师的话，幼儿放下娃娃围了过来，争着问：“老师你怎么了？哪里不舒服？”老师说：“我肚子疼，我要挂号。”乐乐拿出纸条当作挂号单递给老师。老师走到小医院里，说：“看病的医生在哪里？”看到小护士思思和小医生昊昊都围上前来，老师便对小护士说：“我要先看病，等会才轮到你打针。”西西拿着“药瓶”说：“老师，这个药是专门治拉肚子的，一吃肚子就不疼了！”老师连忙说：“不行，医生还没给我开药呢，我交完费才能去药房拿药。你在药房等着我好吗？”于是，在老师的“引导”下，幼儿完成了挂号、问诊、开药、打针等一系列的游戏流程。

（四）区域游戏时间不够充裕

传统区域游戏受一日生活环节的限制，游戏时间较短，往往幼儿正玩得高兴，区域游戏时间已经结束了。他们经常意犹未尽，但受制于时间，不能完成整个游戏进程。

三、游戏后

传统区域游戏中由于缺少明确、易操作的图标指引，幼儿整理较慢，教师也往往会因为时间的关系，请一些能力强、动作快的幼儿来“包办”，能力弱、动手慢的幼儿则得不到应有的锻炼和发展。

而在游戏回顾中，传统区域游戏中的讲评主体是教师，教师主要针对安全常规和材料整理做提示和督促，较少有开放式的鼓励。幼儿陈述自己的活动过程、评价自己的游戏结果的机会较少，也没有进一步对自己的行为进行总结，因而幼儿的自主思考和解决问题的能力就得不到充分的提升。游戏只是单纯地玩，一定程度上也影响了幼儿的自我认知和自我评价。

传统区域游戏后的讲评与回顾

区域游戏结束，大班小朋友将自己使用过的玩具和材料放回原位。等所有小朋友坐好后，教师组织大家一起进行区域游戏讲评。教师问："哪位小朋友们和大家分享一下，今天在区域中进行了什么游戏？"这时珊珊举手说："我今天去图书区看书，看的是《牙齿大街的新鲜事》。"教师说："珊珊今天遵守了图书区的看书规则，看书时很安静，没有影响别人。还有哪位小朋友想和大家分享自己是怎样游戏的？"阳阳说："我今天在小医院当医生给宝宝打针了，乐乐当护士。宝宝生病发烧，我给宝宝看病，乐乐给宝宝打针，宝宝的病就好了。"教师总结道："你们进行了角色扮演的游戏，扮演了医生和护士。"这时登登也说："老师，我们玩了做客的游戏。"教师问："你们是怎么玩的？"登登说："我们在建构区搭房子，我当主人，嘻嘻是客人。我还邀请了别的小朋友来我家做客。"教师问："你们搭了什么房子？"嘻嘻说："我们用积木围了一个客厅！"教师总结说："那你们下次可以把这个房子搭得更好一点！好了，时间有限，就不一一请小朋友们进行分享了。今天的区域游戏讲评就到这里。"

教师在评价环节基本上会请能力较强的小朋友进行回顾，往往忽略了不善于表达的幼儿；评价内容也局限在游戏的过程、区域的目标、安全和常规等方面；评价方法缺乏多样性，没有关注幼儿经验的提升。

第二节 实践：打破教师主导的游戏组织

一、探究与学习

游戏不仅仅是盲目地玩，科学的组织能够有效促进幼儿的身体、智力、社会性等方面的发展，所以必须要重视区域游戏的组织方法。《幼儿园教师专业标准（试行）》中对教师的专业能力提出要求：要提供符合幼儿兴趣、年龄特点和发展目标的游戏条件；充分利用与合理设计游戏活动空间，提供丰富、适宜的游戏材料，支持、引发和促进幼儿的游戏；引导幼儿在游戏活动中获得身体、认知、语言和社会性等多方面的发展。因此，为了使幼儿能够专注地投入游戏、主动探索，我们在组织游戏的过程中尝试着打破原有的以“教师为主导”的游戏方式，打破幼儿园一日生活中的时间、空间、常规材料的限制，大胆进行以“幼儿为主导”的改变。教师认真观察、发现、追随和支持幼儿的兴趣，并为幼儿的主动学习提供条件。

游戏作为幼儿最喜欢的活动，是他们在一定的情境中根据自己的兴趣和需要，自由选择、自主展开、自发交流的过程。在游戏的组织过程中应该让幼儿主动与材料、环境、同伴互动，进而获得学习与发展。我们尝试破除传统游戏组织的弊端，探索和学习主动性区域游戏的组织方法，考虑怎样才能让幼儿充分体验和探索，发挥他们的自主性和主体性。教师在创设情境的过程中最重要的还是以幼儿的兴趣为主，放开手脚，让他们在自己喜欢的区域中，能自己分配、自己协商、自己思考，减少游戏活动的束缚和限制，从而真正地把自由和主动权交还给幼儿。在回顾的过程中应该充分调动幼儿学习的主动性，使他们产生浓厚的探索欲望和尝试解决问题的兴趣，主动建构自己的经验和知识，感受到自信，体验到成功。

教师们通过开展一次又一次的教研活动，学习了由丁海东、周桂勋、王丽芳老师撰写的《幼儿园游戏组织与指导》一书，明白了教师对幼儿游戏的组织与指导并不可以盲目进行，应该深入地认知幼儿游戏的特点，理解游戏的实质，进而科学有规律地组织、指导游戏，为幼儿开展游戏创造良好的条件，使游戏真正成为幼儿园的基本活动，促进幼儿的身心发展。在彭俊英老师主编的《幼儿园游戏活动的组织与指导》一书中，我们了解到游戏应该以幼儿为主、教师支持为辅，在游戏活动中幼儿的已有经验、能力、兴趣及性格各有不同，如有的区域男孩子喜欢，有的区域则是女孩子的天地，有的喜欢科学区，有的则流连于美工区。幼儿的兴趣不是一成不变的，因此应根据他们的兴趣来组织游戏活动。

学习这本书以后也引发了教师的激烈讨论：

杨老师：教师应该不断地反思，重新认识自己的角色，并且勇敢地改变当前区域游戏在组织中存在的问题。在组织游戏的过程中，我们应该把自由还给孩子，而不是老师预设游戏。

任老师：我们应该让孩子们去设置游戏，不应该由教师主导。并且我们要打破空间和规则的限制，取消游戏区的条条框框，打破游戏区的目标和内容限制。

王老师：我们要为幼儿游戏的开展安排充裕的时间，保证幼儿游戏的质量和水平。游戏时间不充足，会导致幼儿玩得不尽兴，也不能很好地实现他们的游戏意图。

幼儿园的一日生活环节环环相扣、紧密相接。幼儿和教师遵守着一日作息：早餐、集体教学、区域游戏、喝水、户外活动、午餐、午睡……教师们发现，幼儿只有在区域活动时间才能够去进行自己喜欢的游戏，往往他们刚刚对一件事情产生兴趣或者刚刚进入游戏状态，但是因为时间的限制而不得已结束游戏，幼儿的自主游戏时间得不到保障。在一日生活中，可供幼儿自主支配的游戏时间很少，通常都由教师组织安排，那么自主游戏就无从谈起了。现行的幼儿园作息时间一定程度上制约了幼儿自主游戏的开展。游戏是幼儿生活的重要组成部分，是他们最喜爱的活动。在一日活动安排中，应为幼儿提供一段相对集中的时间，来确保游戏得以充分开展，以此培养幼儿的主动性。

高宽课程中的游戏是有弹性、有连续性、生活化并体现社会性的。首先通过计划，让幼儿自主选择材料、主题、同伴进行游戏。在游戏中尽量让幼儿保持专注和有序，孩子们在同一时间段可以从事不同的“工作”，各区域和工作之间也允许建立有意义的联系。在游戏内容的选择上，教师在关注到多样化的同时，结合幼儿的兴趣使游戏内容呈现递进性、支持性和延展性。计划时间里教师与幼儿一起讨论幼儿的想法，由幼儿说明他们的计划并做出选择。在工作时间，幼儿可以自由地在教室的各个区域中活动，探索新材料，学习新技能，实现他们的意图。教师则观察幼儿并协助他们扩展意图，引导其自主解决问题。在回顾时间里，幼儿可以交流反思自己的游戏，表达对下一次游戏的想法，为同伴之间的交往和社会性发展提供诸多机会。

通过学习讨论，教师们重新反思现有的区域游戏组织方法是否适宜。大家意识到教师应该做幼儿自主游戏中的观察者，而不是游戏中忙碌的组织者与指导者。学习中有些老师提出："教师的天职就是传道、授业、解惑，如果什么都不教、不引导，就是让孩子自己玩，教师的作用呢？""其实之前也有尝试，但是，退居孩子身后并不如想象中那么容易，有时面对孩子一遍又一遍的尝试、一次又一次的失败，真的忍不住想冲上前去，帮助他们解决问题。"这是他们最真实的困惑。教师们重新认识到等待是有价值的，应该退到幼儿的身后，给幼儿足够的时间和机会，发现他们的意图，展现他们自己解决问题的能力。提供充裕的能够让幼儿自己选择和支配的时间，给幼儿最大的信任和支持。幼儿自由支配的时间越多，自主游戏就越有保障，教师就能进行越深入的观察，从而越准确地了解幼儿的游戏和解读幼儿的行为。

教师要鼓励幼儿表达自己的意图和想法，支持和帮助幼儿自己做计划并记录下来。教师在记录的过程中，能获取理解和判断幼儿发展水平与思维方式的信息，给予幼儿支持，使幼儿的游戏顺利开展。

在整理环节，教师应用积极的态度来对待整理工作，应该善于捕捉整理工作中的教育契机，比如说："我们想想应该如何将东西收拾整齐？""如何摆放和规整材料？"，甚至可以在整理时唱一首关于整理的儿歌，孩子自然就会喜欢完成这个环节。久而久之，他们的整理工作也会做得越来越好。

同时，教师们还认识到，在回顾环节，大部分幼儿是用语言来表达和讲述自己的游戏过程，回顾方式单一，缺少创意。

因此在第二次教研活动中，教师们学习了高宽游戏的组织方法，了解到主动性区域游戏分为计划时间、工作时间、整理时间和回顾时间四个部分。

（一）计划时间

这阶段的内容大致可以概括为“幼儿表达、教师倾听、二者交流”。教师为幼儿提供表达内心意愿的机会，让他们自主决定要做的事，使其成为个人活动的决策者。

在执行计划之前，教师会和幼儿沟通，帮助他们形成关于计划的框架，产生如何执行的想法。对教师而言，和幼儿一起实施计划可以为他们提供一个回顾的机会，能够了解并判断他们的发展水平和思维方式，提出切实可行的方法并鼓励他们取得最大的成功。而教师会对“幼儿会面临怎样的困难，如何帮助他们，幼儿会取得哪些进步”等一系列问题有一定的预判。

教师首先会倾听每个幼儿的想法及他们将如何操作，帮助他们形成一个计划方案；然后针对确定的方案与幼儿沟通，了解到方案可能会遇到的各种问题，让方案具有挑战性，认识到每个幼儿在计划方案中可能承担的角色并加以引导；最后教师会给予幼儿充分的鼓励，让他们树立自信心，为执行计划做好准备。幼儿在与教师进行沟通的过程中，不断提升语言表述能力，也对自己的活动计划形成更深层次的理解。

（二）工作时间

工作时间即幼儿执行计划的时间。游戏是幼儿的工作。在工作时间，幼儿不受区域空间限制，可以在任何一个区域中对材料进行探索。在这段时间，没有一个幼儿是无所事事的，他们主动对材料进行探究，搜集相关信息，不断地验证或是尝试自己的新想法。同时，教师也并非在一旁单纯地观望，而是观察幼儿如何搜集信息、与同伴互动及如何解决问题，然后在适当的时机为其提供“脚手架”支持。起初幼儿的游戏会比较简单，随着时间的推移，根据游戏的进展，教师可以引导他们不断提高难度，使游戏具有挑战性。同时，教师的观察、记录、支持、评估也更加适宜。

教师并不是幼儿工作时间的指导者，而是在工作时间和幼儿共同参与，关注他们的需求和发展，帮助其解决相应的矛盾和冲突。教师要根据幼儿游戏的进展帮助他们进一步创设问题情境，推进游戏深入，支持和鼓励幼儿完成工作。

（三）整理时间

在整理时间，幼儿把他们未完成的作品收起来，并对活动中用到的材料进行整理分类，放回原处。这一过程为幼儿提供了认知学习的机会，比如给物体分类和排序，把标签和物体相对应，确认物体的数量和大小，比较物体之间的异同等。

（四）回顾时间

在这一阶段，每一个幼儿可以选择以自己喜欢的方式（作品、图片、计划表等）表达他们在工作时间的经历。回忆可进一步加深幼儿对游戏的理解。通过将计划、工作与结果联系，幼儿可以获得一些新的经验。

二、尝试与改变

为了真正把游戏的主动权还给幼儿，让他们自主玩起来，我们进行了系统学习以后的第一次游戏变革。

（一）第一次尝试与改变

1．计划时间

在游戏前教师请幼儿自己做计划。计划的时间为10~15分钟。将幼儿分组，教师仔细聆听每一个小朋友的计划，并鼓励其用不同的方式（见下述各例）开展计划。

◎ 画计划图

幼儿围坐在桌子周围，各自用纸及彩笔绘画，也可以几名幼儿合作绘画计划图，将玩什么、用什么材料、和谁玩画在纸上。教师请绘制完成的幼儿依次分享自己的计划，说说想怎样开展游戏、要用到哪些材料、是独自进行游戏还是合作分工进行、如何进行等。这样可以让计划更加直观，幼儿也会对自己的计划更加清晰和记忆深刻。在表述完计划后幼儿可直接进行区域游戏。

◎ 打电话

一部分幼儿和教师围坐在一起，选择一个电话或者手机玩具游戏。游戏开始，老师说："叮铃铃，叮铃铃，我要打电话。"其他幼儿齐声问："电话打给谁？"老师说：

“电话打给某某小朋友。”电话打给哪位幼儿，就请他回答三个问题：“今天你想玩什么游戏？你需要用到哪些材料？这些材料在哪里可以找到？”幼儿回答完后就可以去实施自己的计划了。按照此游戏规则，所有幼儿依次完成计划。

◎ 神秘袋配对

每位幼儿先从神秘袋中抽取一个雪花片。游戏开始后，教师从神秘袋中抽取一个雪花片，请颜色相同的幼儿轮流说说自己的计划：“你想玩什么游戏？”“你想和谁一起玩？”“你们想怎么玩？”

◎ 抽取照片

教师从装有幼儿照片的投票箱中抽取照片，请相对应的幼儿开始做计划，说说自己计划玩什么游戏、和谁一起玩、如何玩。这名幼儿说完之后再从投票箱中抽取下一张照片，依次做计划。

◎ 区域地图

教师出示区域地图和玩具。幼儿按照自己的意愿选择区域并将玩具放在自己想玩的位置，说出自己的计划，陈述自己想玩什么游戏、想和谁一起玩、想如何玩。

幼儿日复一日自己做计划，会对主题内容越来越清晰，他们会知道自己要做什么、想怎么做。从教师帮助幼儿设计到幼儿自主设计游戏，计划环节在本质上体现了幼儿的主体性。

2. 工作时间

(1) 打破时间的限制，满足幼儿的游戏意愿。经过教师的讨论，我们一致认为，幼儿园原有的区域游戏时间太短，无法保证幼儿充分游戏。因此，我们将工作时间延长到了40~60分钟，有效利用游戏的弹性时间支持幼儿游戏兴趣的延续。调整以后，教师们可以灵活地运用时间保障幼儿自主游戏。游戏时间的延长让教师和幼儿都感到一种前所未有的自由和放松。幼儿不用担心时间的限制，不用担心没有完成游戏就得结束工作。教师也有更多的时间关注幼儿的需求，有机会为他们提供支持与帮助，深入地了解幼儿游戏的发展。

(2) 取消人数的限制，满足幼儿的兴趣需求。我们取消了一切限制人数的规则，只要幼儿喜欢的区域都可以进去游戏，不必因为数量的限制而让幼儿在区域之外观望羡慕。在游戏时，幼儿有了更多的选择机会，满足了自己的游戏兴趣，实现了自己的游戏意图。

(3) 取消规则限制，给幼儿更多自由。应尊重幼儿，鼓励幼儿主动探索学习。但现实的情况是幼儿在游戏的过程中可能受到很多条条框框的限制，阻碍了他们自主游戏的开展，因此我们取消了一些区域规则的限制。

幼儿可以自由地在教室中走动、选择，比如积木区的幼儿在玩游戏的时候，只要需要家庭区的锅碗瓢盆，都可以拿来使用。幼儿可以随心所欲地使用教室里的所有材料，只需要用完以后放到原来的位置。这样做就最大限度地发挥了空间的作用，满足了幼儿的游戏需求。为了给幼儿创造更自由的游戏环境，我们弱化了区域之间的界线，减少了幼儿的束缚，让他们快乐地做自己喜欢的事。之前每个区域都有极其醒目的区域牌，老师也会引导幼儿，在积木区就在地上玩，看书就在图书区看，表演故事要在表演区进行。现在没有了区域规则和内容的限制，幼儿可以根据自己的目标和需要直接找到自己需要使用的材料，然后选择一个舒服、方便的地方去完成自己的游戏。

(4) 注重观察幼儿，慎重选择介入的时机。为了更好地分析幼儿的行为，教师为每一位幼儿建立了成长档案。在游戏的过程中，教师记录他们的行为，并对其能力发展进行评估和分析。教师也会给幼儿足够的空间和时间来解决问题，“不干扰”“不打断”“不帮助”，慎重选择介入的时机。

3. 整理时间

所有幼儿都是区域的主人，都有整理的责任。每个幼儿都应参与到整理工作中。教师要注重幼儿整理的过程，支持他们积极地整理、归纳，及时对幼儿的成长和进步进行鼓励。

4. 回顾时间

整理完成后就是回顾时间。回顾时间为10~15分钟，主要启发幼儿反思自己的活动，表达其在游戏中的体验。经过讨论，教师们意识到回顾的方式可以多样化，除了幼儿自主讲述外，也可以是教师和幼儿、幼儿和幼儿之间的小组回顾，还能用图片、视频等不同形式进行回顾。在之前的游戏活动中，幼儿呈现的回顾内容偏向于简单的回忆。讨论之后，我们认为在回顾时间，幼儿不仅需要讲出自己做了什么，还需要思考自己在游戏中体会到了什么。另外，我们也鼓励幼儿将游戏经验与教师、同伴进行分享。这一过程能使幼儿的思维和语言能力得到充分的发展。

在经过了一段时间的尝试与改变后，我们还发现了如下问题：

(1) 计划环节重游戏。在主动性区域游戏的第一次尝试与改变后，我们增加了计划环节，并以多种游戏形式开展，但发现在计划中幼儿更多的是关注游戏过程，而忽略了计划本身，且教师在做计划时选取的游戏形式没有考虑幼儿的年龄特点。比如，小中大班的幼儿都计划玩开火车游戏，但是中大班幼儿对此游戏兴趣不大。

(2) 区域间互动较少。在游戏中，幼儿由于受到之前传统区域游戏规则的限制和影响，缺乏区域间互动的意识。幼儿的互动交流所产生的情感满足是教师指导所不能达到的。通过互动，幼儿相互学习、交流经验、表达自我。

(3) 教师未关注到个体发展。通过观察，教师发现虽然采取了多种方式的回顾，但回顾的对象是随意选取的。教师会让大多数幼儿都进行回顾，并没有关注到最近发展区的幼儿，没有对其进行有效的指导。

（二）第二次尝试与改变

1. 计划时间

师幼根据幼儿的年龄特点商定不同的游戏方式进行计划，比如小班选择打电话、开火车的游戏，而中班可以开展神秘袋配对和抽取学号游戏，大班可以选择区域地图和计划图的游戏。

教师针对不同年龄段的幼儿进行有层次的提问。

如：小班幼儿做计划，教师可以请幼儿回答三个问题："今天你想玩什么游戏？你需要用到哪些材料？这些材料在哪里可以找到？"如果幼儿的语言表达不够完整，也可以用手势来回答，比如用手指向想要玩的某个区域或者某个材料。中大班幼儿做计划时，老师不但会问他们"今天想做什么事情、需要哪些材料、这些材料在哪里"，还会根据幼儿的发展情况问幼儿"你想自己玩还是和别人合作？"。这时幼儿可根据自己的意愿来回答。

2. 工作时间

在工作时间，教师发现年龄较小的幼儿玩的内容和自己当初制定的计划不符，活动中有新的计划产生时，会支持幼儿按照新的计划来完成游戏。针对区域间互动少的问题，教师在回顾环节鼓励幼儿大胆尝试，去其他区域游戏，寻找自己需要用到的物品。在教师的鼓励下，幼儿根据游戏的需要，慢慢地增加了区域间的互动。

3. 回顾时间

在游戏中教师通过认真观察、记录并分析幼儿的行为，知道哪些幼儿是需要“推一把”来帮助其进步的，在回顾的时候教师就将目光和机会给需要解决问题和处于最近发展区的幼儿，针对性地帮助他们解决问题，促进他们向更高阶段发展。

问题解决以后，我们发现孩子能够用适当的方式表述出游戏的计划，且在游戏中能够坚持自己的游戏意图。幼儿在游戏的过程中会共用材料，在各区域游戏时有了互动，有了分工与合作，在整理时也能够不慌不急、相互帮忙，回顾的方式逐渐多样化。

积木区的角色游戏

早餐后，混龄班的孩子们开始自主地做计划。

木木（5岁）将画好的计划图拿在手上说：“我今天要和小帆用空心大积木搭建一所三层的医院。第一层是挂号收费的地方；第二层建成药房；第三层是住院部，有很多的房间。我们要用许多块两格的空心大积木和许多单元小积木，还要用蓝色砖块积木，用它们围着医院当围墙，假装医院是在海边的。”

桓桓（5岁）说：“我今天玩桌面玩具，用插塑玩具想拼什么就可以拼什么。我可以给木木搭建的医院拼一些医用设备。”木木听了连忙说：“太好了，这样医院就什么都有了！”

小杰（6岁）说：“我今天要搭轮船。”

菲菲（4岁）说：“我要和点点去家庭区照顾宝宝，要给宝宝洗澡，然后给宝宝穿上漂亮的衣服。”点点（3岁）连忙说：“对，还要给宝宝脸上抹香香。”

做完计划后，孩子们陆续入区进行游戏。

木木和小帆来到积木区开始搭建医院。他们根据设计好的图纸准备搭建，并商量着给搭建好的房间取一个好听的名字。木木和小帆兴奋地搬运着搭建房屋所需要的材料——空心大积木、长木板等。他们先尝试用单元小积木搭一楼的柱子，发现不牢固后换成两格空心大积木垒在一起当柱子。木木总结说："下面的柱子要大一点，要上下对齐才不会晃动。"接下来他们开始搭楼板。小帆提出可以用长木板拼接起来。他们发现长木板的长度比两个柱子之间的距离长。他们在讨论过后，选取了不同长短的木板尝试了几次都没有搭建成功。

桓桓拿着插塑玩具在小桌子上玩了起来。不一会儿，他就用管状插塑片拼成了听诊器，用雪花片做成了血压器，用片状插塑片拼成了药盒。他拿着听诊器听听这听听那，模仿给娃娃看病。

菲菲和点点来到家庭区开始准备给宝宝洗澡。菲菲对点点说："我来抱着娃娃，你来脱衣服。"她们将娃娃放到澡盆里洗澡。洗完澡后她们却找不到娃娃的衣服了。菲菲嘴里喊着："快点呀，快点呀，宝宝一会儿要感冒了！"点点翻翻这翻翻那，还是找不到衣服。菲菲只好把娃娃放在浴缸里自己来找。她找到衣服后给娃娃穿上。她一边穿一边说："不好了，娃娃感冒了，他发烧了。"菲菲抱着娃娃对点点说："妈妈去给宝宝看病，你好好看家。陌生人来了不要开门啊。"菲菲抱着娃娃来到建构区，看见正在搭建轮船的小杰，说："我的宝宝生病了，你能带我们去海边的医院看病吗?"小杰说："好的，我的轮船可快了，快上来吧!"之后小杰拿了一个圆形积木当船的舵，认真地开了起来。不一会儿，他说："医院到了，你们快去给宝宝看病吧。"

菲菲抱着宝宝来到了木木和小帆刚刚搭建好的医院前，她说："你好，我的宝宝生病了。大夫在哪里？我的宝宝需要看病!"木木指着桓桓说："这是大夫，你快去找他给宝宝看病。"只见桓桓非常小心地接过宝宝问："你的宝宝怎么了？"菲菲说："洗澡的时候感冒了，现在发烧了。"桓桓说："别着急，我来看一看。"桓桓拿了一个圆形的"听诊器"放在宝宝的胸前和肚子上听了听，说："别着急，我给他开点药，打个针过两天就好了。"他拿了几个雪花片当药，对菲菲说："快去住院部给宝宝打针吧。"于是菲菲抱着宝宝来到了"住院部"，结果发现住院部没有搭好。木木和小帆说:“等搭好了再来打针吧。”直到游戏结束，住院部也没有搭好……

在游戏回顾中，菲菲说:“我带宝宝去住院部打针，住院部一直都没有搭好。”老师问木木:“住院部为什么没有搭好?”木木说:“我在建构房子时找不到长度合适的东西做楼板，有的积木长，有的积木短，试了好多次，浪费了时间。”教师鼓励小朋友们帮他们想办法。有一个小朋友想到可以用脚来测量两个柱子之间的距离，然后再去寻找相同长度的木板。老师说:“你可以试试这个方法。”木木说:“好，下次我试一试!”

可以看出此案例中游戏是幼儿依据自己的需求和兴趣自由选择开展的。游戏前幼儿能够根据自己的意愿选择区域，并依据自己的兴趣形成较为明确的意图。在游戏开展的过程中，遇到问题后幼儿会积极思考并且协商解决。游戏中有合作有分工，起初开展不同游戏的幼儿也逐渐有了精彩的互动，区域之间也有了联系。游戏主题的融合及材料的互动增强了幼儿的认知。无论是在自主探究、学习经验还是在社会交往方面，幼儿都有了明显的提升。教师持续观察幼儿的游戏状态和水平，通过回顾环节共享经验，并支持处于最近发展区的幼儿获得提升。由此可见，在主动性区域游戏中，幼儿的游戏玩得更有意思，幼儿对游戏更有想法了，游戏内容也更加深入了。

第三节 主动性区域游戏组织方法的理论依据

一、总结经验

主动性区域游戏的组织方法，包括计划、工作、整理、回顾四个环节。在此过程中，幼儿发展积极主动探索、独立解决问题、与他人合作等多项能力。

(一)主动性区域游戏组织模式的特点

(1)制定计划是主动性区域游戏与传统区域游戏从表象上来看最明显的区别。幼儿在游戏前，对自己的游戏意图包括主题、材料、伙伴，有初步的设想，有利于增强游戏的目的性和意向性，提升幼儿进行游戏的主动性。计划以小组形式为佳。为了做好计划，在认知上，幼儿在头脑中须对自己想要做的事形成一个心理表象，也就是对自己想做什么及将怎么做的具体思考。幼儿可以手势（手指向家庭区）、语言（“我想画个花园”）或行动（画出积木造型）等方式来表述自己的计划。

（2）工作时间是幼儿用来执行计划、完成设想的时间。在工作中幼儿能有目的地游戏，实施自己的计划。他们将自己看作“行动者”，以自己的能力完成计划，达成目标。幼儿工作时，能参与社会性情境，会自然地三三两两一起或组成不同规模的小组合作游戏，在丰富多变的游戏情境中担任不同角色，体验不同的社会情感。幼儿在工作时还可以发现众多解决问题的机会。幼儿在实施计划遇到问题时，通过独立解决问题或在教师、同伴的协助下解决问题，成长为有能力的问题解决者。在工作时，幼儿能够自己建构知识、发展新的技能，教师也能观察幼儿游戏并给予其支持。

（3）幼儿在整理材料、收拾工作场地的过程中，意识到自己是环境和材料的主人。全体幼儿都应参与整理工作，在对材料进行取出、堆放和整理的过程中锻炼分类和收纳的能力，建立秩序感，提高自信心和责任心。

（4）回顾环节，教师鼓励幼儿用多种方式进行回顾，可以用符号画下来，可以利用照片、实物与同伴和教师分享。如直观且容易被幼儿理解的“图片展示”（需要教师为幼儿提供过程中的记录，包括打印出的照片或符号表征），幼儿拿到这些图片后与同伴一起回忆游戏过程，按前后发生的顺序排列图片，在一些关键环节的图片上还可以标注心情符号，以呈现当时的情绪状态。或者是用作品实物进行呈现（包括个人作品和小组成员的合作作品，各种实物和材料），教师需要引导幼儿观察这些作品的特点，可以在作品上粘贴标识或照片、注明日期，以增强创作者的成就感。教师还需观察最近发展区的幼儿，帮助他们解决问题，促进他们向更高阶段发展。

（二）主动性区域游戏的组织原则

1. 主体性原则

尊重幼儿游戏的兴趣和需求，尊重幼儿的个体特点，以幼儿为主体，积极帮助幼儿实现游戏意图。幼儿在游戏的兴趣和方式方法上是存在着个别差异的。教师不要把自己的兴趣、想法和计划强加给幼儿，而要尊重他们游戏的内容和方式方法，让幼儿的主动性、独立性和创造性能够在游戏过程中充分展现，支持幼儿自身的需求和发展。

2. 适宜性原则

在主动性区域游戏组织中，教师应实时关注幼儿游戏：在计划时，可根据幼儿年龄特征做适宜的计划；随着幼儿年龄的增长，变换计划形式；在工作中根据幼儿不同的发展水平，调整支持策略；游戏后根据幼儿的能力用不同的方式进行回顾。

3. 自由性原则

宽松自由的环境有助于幼儿自主学习、实现自我、创造自我。在主动性区域游戏中，幼儿是非常积极主动且富有目的性的。教师应努力创设一个以幼儿为主体的、和谐宽松的环境，和幼儿一起学习、一起游戏，欣赏和接纳幼儿的想法与做法，以赏识的眼光、用启发的语言鼓励幼儿，帮助他们保持自信，产生不断探索的愿望，促进其主动性的发展。

4. 重复性原则

日复一日的游戏模式可以让幼儿熟练掌握游戏的方法和技能，并且将有序的行为模式逐渐内化，养成良好的习惯，为其后的学习生活打下基础。

（三）主动性区域游戏的组织策略

1. 计划时间

幼儿学会制定计划不是一件容易的事。制定计划要在幼儿熟悉了周围的环境、材料及各种活动的基础上进行。幼儿还需要一定的时间学习如何制定计划。要提升幼儿的计划水平，可以尝试以下策略：

(1) 每日坚持做计划。日复一日的坚持会让人形成习惯。幼儿会在每天固定的时间、相同的环节自然地思考自己的游戏意图。如早餐后可以独立想想或与同伴商讨计划，或者受同伴的表述的启发，使每天的游戏计划越来越具体、可行。

(2) 新增或调整某些材料时，须在计划前告知幼儿，确保幼儿在制定计划时能看到所有区域和材料。这可以支持幼儿将新材料运用到他们的计划和游戏中去，完善游戏内容。

(3) 教师应支持幼儿的意图，而不要追问不休。教师的提问只需鼓励幼儿表达游戏的设想，包括想做什么、需要哪些材料、自己活动还是与同伴合作等。尊重幼儿个体的意图，哪怕幼儿制定的计划不够具体全面，只要是幼儿自己意愿的表达即可。

(4) 针对能力不同的幼儿，可以选择不同的记录方式。低年龄段或能力较弱的幼儿表达计划时，教师只须认真倾听；高年龄段或能力较强的幼儿制定计划时，教师可以帮助幼儿思考计划的内容和可行性，并帮助他们通过写画的方式记录自己的计划。

(5) 当幼儿因为能力原因计划简单，难以形成丰富的游戏意图时，教师可以通过“你需要什么材料”和“用这些材料干什么”的追问，帮助幼儿延伸游戏计划。这样的提问可将幼儿简单的游戏意图转化为可实施的游戏，提高游戏水平。

(6) 教师支持幼儿的“好主意”。游戏中教师可以通过倾听幼儿讲述、进行开放性的提问、记录幼儿的想法等方式支持幼儿实施计划，完成游戏。部分幼儿的计划经常会在实施过程中变更，可能是因为游戏主题情节发展变化或者是受他人活动的影响。教师不必强求幼儿必须坚持最初的计划。在工作期间，教师可遵照幼儿的想法并帮助其实施新计划，继续工作。

2. 工作时间

在工作时间教师应细心观察幼儿的游戏，用多种方法来支持幼儿主动学习。具体可以采取以下策略：

(1) 给予幼儿需要的情感支撑和身体抚触。有时幼儿可能因为紧张、胆怯而通过态度 (拒绝交流)、动作 (摇头表示“不”)、语言 (“没有人和我一起玩”) 来表达自己的情绪状态。此时，教师可以通过身体接触安抚幼儿，为其传递情感上的支持，鼓励幼儿表达和参与。

(2) 认可幼儿的行动和成就。有时候，幼儿需要教师关注他做了什么，如“老师你看，我搭的高塔”，教师可以给予确认和认可。或者在幼儿乐意的时候，如幼儿渴望与教师谈论自己的画时，教师与幼儿进行你一言我一语的交谈。在幼儿的工作时间，教师可以通过观察、支持、参与幼儿的游戏，洞察每个幼儿的个性特点和发展需求。

(3) 鼓励幼儿解决问题。解决问题是幼儿在工作时间获得的最重要的经验之一。当幼儿遇到问题时，教师可以和幼儿一起坐下来，倾听幼儿的观点，像朋友一样和他们交谈，鼓励其主动解决问题，也可以在一旁耐心等待，成为他们的支持者、合作者而不是管理者。

(4) 观察并记录幼儿在做什么。在幼儿的工作时间，教师要想记住所有幼儿做的每件事是十分困难的。因此，可以用简单的文字或图画、照片等记录幼儿的行为，帮助其在之后的评价、反思、再计划、再实施中回忆起一些细节，基于幼儿做了什么和说了什么，来制定后期游戏计划，从而支持和扩展游戏的主题。

3．回顾时间

支持幼儿的最近发展区，兼顾幼儿的整体发展和个别发展。可采用以下策略：

(1) 教师观察识别哪些幼儿处于最近发展区，针对性地进行回顾，鼓励幼儿描述做了什么，说出其在游戏中的体验，讲述有趣的游戏过程，巩固拓展已有的经验，以激发更深层次的意图，促进游戏的深入发展。

(2) 使回顾成为游戏的常规部分。教师提出开放式问题；接受幼儿相互冲突的观点和解释；当幼儿工作或游戏时，评价幼儿正在做的事情；帮助幼儿将他们的计划和反思联系起来；鼓励幼儿下次继续他们的活动。

(3) 鼓励幼儿用不同方式进行回顾。如前文已提到的简单明了的图片展示，幼儿按照顺序排列图片，呈现出学习过程；还有直观形象的作品呈现，包括个人作品和小组成员的合作作品，以及通过努力找到的各种实物和材料，避免进行单一的口头总结。还可以根据幼儿的自身发展及经验，鼓励他们用自己感兴趣的方式进行游戏回顾，并给予肯定。

二、理论支持

为了做出计划，幼儿必须在头脑中对自己想要做的事形成一个心理表象。幼儿想象或形成心理表象的能力并不与其运用语言的能力同时发展。随着时间的推移，通过与教师的交谈以及每天参加一日生活活动，幼儿讨论计划的能力会按照以下路线发展：最初，他们只关注当时当下的事情；接着，他们开始关注其他时刻的事情，如昨天做了什么、明天将要做什么，在时间上他们会考虑关联性；最后，他们还能将几个时间点协调起来，并能在一定的时间范围内按顺序安排事情。

为了提升幼儿的主动性、探索精神及独立解决问题的能力，教师应给予幼儿支持，帮助他们成为有能力且自信的计划者。幼儿开始游戏时，就是他们实施计划的时候。幼儿实施的是自己制定的计划，游戏是完成计划的一种途径。在主动性区域游戏中，主动学习是幼儿和环境、幼儿和幼儿、区域和区域之间的互动过程。此外，由于教师会根据幼儿的兴趣与他们共同游戏或交流，幼儿的沟通能力也能逐渐发展。幼儿需要在鼓励下，亲眼去看，亲自去尝试。回顾让幼儿有机会反思自身的行为，与材料和他人互动时学习到经验。在回顾时间里，幼儿自然地建构、记忆，形成心理表象，并依据他们目前的思维方式进行解释。这个过程类似于成人讲述自己的某件事情。当幼儿和他人谈论起其游戏时，他们也进入故事讲述的过程。因此回顾活动中建立的记忆能够成为幼儿认识社会的经验。

教师通过在计划时间了解幼儿的游戏意图，在工作时间认真观察幼儿、分析幼儿的游戏发展水平，识别处于最近发展区的幼儿，在回顾时间对他们进行有针对性的支持，帮助幼儿巩固拓展已有经验，激发更深层次的游戏内容，促进游戏深入发展，提升幼儿的能力水平。

在工作和回顾环节，教师观察幼儿的活动，做幼儿的倾听者。师幼之间完全平等，在教学活动中共同学习分享、积极互动、一起发展。教师通过制定计划、实施工作、归纳整理及总结回顾，为幼儿搭建学习的“脚手架”，培养幼儿自主、专注、勤于探究、敢于创造的品质，提高幼儿动手操作、问题解决的能力，发展其主动性和社会性，使幼儿各方面的能力得到提升。

案例分享

生日派对

周末豆芽过了五岁生日，今天来到幼儿园的她仿佛还沉浸在愉快的生日氛围里。

计划时间又到了。“叮铃铃，叮铃铃，我要打电话。电话打给谁？电话打给豆芽。”晶晶把电话给好朋友豆芽（见图3-1）。老师问：“豆芽，你今天想做什么事情呢？”豆芽接过电话害羞地说道：“我在家过了五岁生日，今天我还想过生日。”老师说：“祝你生日快乐！那你过生日需要用到哪些材料呢？”豆芽想了想说：“我需要家庭区的锅和铲勺做饭，还需要碗和盘子。我要用艺术区的绒球做米饭，用毛线做意大利面。”老师问：“你是想自己过生日还是和其他小朋友一起呢？”“我想自己过生日。”豆芽回答。计划做完，豆芽将电话打给了另一个好朋友，然后就去玩游戏了。

图3-1　打电话做计划

在工作时间，豆芽按照自己的计划游戏。但是玩了一会儿后，豆芽显得很沮丧，她低垂着脑袋站在原地。

这时，在一旁观察的老师发现了豆芽的情绪变动，走上前问道：“豆芽，你怎么了？”豆芽闷闷地说道：“都没有人和我一起过生日。”

老师抱抱豆芽，摸摸她的脑袋安抚着说：“那你是想跟其他小朋友一起过生日吗？”豆芽说：“想，但是没有人和我一起过生日。”

老师鼓励她：“你去试着邀请一下其他人吧。”豆芽鼓起勇气去询问好朋友（见图3-2），但是他们都在玩着自己的游戏，没人愿意和豆芽一起过生日。

豆芽向老师求助：“老师，我去问了，但是大家都很忙，怎么办呢？”面对豆芽遇到的问题，老师决定和她坐下来一起商量。

老师问："有没有其他的邀请方法？""我哥哥过生日的时候会给我邀请卡。"豆芽想了想说："那我做一些邀请卡送给大家，告诉大家我要开生日派对，这样就有很多人和我一起过生日了。"

图 3-2　询问

老师说："这个主意不错，你可以试一试。"豆芽说："我要在卡纸上画上蛋糕，当作邀请卡。"得到老师的肯定后，豆芽便高兴地按照自己的想法开始制作邀请卡（见图 3-3）。她将做好的生日派对邀请卡一一送给大家，并和大家说："我想开生日派对，有邀请卡的人就能参加。这是我做的邀请卡，送给你们。"晶晶收到豆芽送的邀请卡，开心地说："谢谢豆芽，我要给你送一个生日礼物。"其他幼儿听到后，纷纷表示要制作礼物送给豆芽。

于是豆芽和小朋友们开始举办生日派对，大家热火朝天地忙碌起来。生日派对开始了，豆芽身穿公主裙，头戴生日帽，手拿魔法棒闪亮登场，大家唱着生日歌为小寿星庆祝。等豆芽吹了蜡烛、许了愿望（见图 3-4），大家一起分享了美味的"食物"，所有小朋友都沉浸在欢乐的生日派对氛围中。老师在一旁观察着幼儿的行为和语言，利用手机拍照和录像的形式，记录下幼儿的作品及游戏过程。

图 3-3　制作邀请卡

回顾时间，老师问豆芽："你愿意和大家分享今天的游戏吗？"豆芽说："我们今天开生日派对了，吃了大蛋糕。晶晶还送给我了一幅画。"老师说："你可以让我们看一看吗？"豆芽将晶晶送给她的画展示给大家看。

图图和淘淘都说："我们做了大

图 3-4　生日派对

蛋糕送给豆芽当生日礼物。”随后老师在电子屏上播放幼儿制作蛋糕的照片，帮助幼儿进行回忆。通过照片的展示，他们还向大家介绍了自己制作蛋糕的过程。

图图说：“我用泡泡泥做了蛋糕，上面有绒球和魔法玉米做水果。我做的是水果蛋糕。”

淘淘说：“我的蛋糕是积木做的，上面还插着生日蜡烛。”

其他幼儿也回顾了自己的游戏，与大家分享了感受和收获。

幼儿将自己过生日的生活经验带到了游戏活动中，教师支持和鼓励幼儿自主开展主题游戏。在工作过程中，教师细心观察幼儿的行为表现及情绪变化。当幼儿因为情绪低落而影响工作时，教师采用了安抚的策略，通过抱一抱、摸摸头等身体接触，给予幼儿关注及情感支持，鼓励幼儿用语言表达自己的情绪及想法，促进了幼儿情绪管理能力的发展。当幼儿邀请他人加入游戏遇到困难和问题时，教师采取了鼓励幼儿解决问题的策略，与幼儿坐下交谈，倾听幼儿的想法，对于幼儿想出制作邀请卡的解决方法，给予了肯定和认可，使幼儿产生自信，并在成功邀请他人后感受到成就感，幼儿的社会交往能力就此得到了提升。在生日派对游戏中，教师注意观察和记录，并不直接干预幼儿的行为。本次教师采用了拍照和录像的记录方法，帮助幼儿在回顾环节进行细节回忆，为幼儿总结、分享自己的经验和收获提供了支持。

搭建我的家

大班计划时间，老师组织部分幼儿以绘画的形式做计划，并鼓励幼儿完成后和同伴分享。王子首先完成了计划图（见图 3-5）。老师问：“王子，你今天想做什么事情呢？”王子指着计划图对大家说：“我今天想搭建一个新家，这是我画的图。你们看，房间里有沙发、桌子和电视。”老师问：“那你需要哪些材料来搭建？”王子想了想说：“我要用小积木搭围墙，用纸画家具，然后剪下来。”老师听了后说：“很有创意的想法。你想自己完成还是和其他人合作呢？”王子说：“我想自己搭我的家。”王子做计划的同时，老师记录下了他的话。

图 3-5　计划图

做完计划后，王子便带着自己的计划图去搭建了。在工作过程中，老师观察到，王子在搭建时遇到了问题，于是拍照进行记录。

回顾时间，老师将王子搭建的作品照片展示在电子屏上，分享给大家。王子说：“看，这就是我搭建的家。”（见图 3-6。）老师问：“你觉得你搭建得怎么样？”王子回答：“我的家有点小，帅帅和琦琦来参观的时候，觉得太挤了。”老师说：“哦，王子的家有点小，你们觉得太挤了。”旁边的帅帅说：“你可以用大积木搭大房子。”王子继续说：“我只有一间房，没有卧室和厨房。”老师说：“下次你再多搭一个房间试试。”琦琦说：“我去的时候房子都快倒了。”老师说：“房子快倒了，那该怎么办？”王子思考了一会儿说：“下次我用空心大积木做围墙和家具，应该会稳一点，就不容易倒了。”老师鼓励他：“你可以按这个想法试一试。”

图 3-6　回顾分享

第二天做计划时，王子迫不及待地又画了一张计划图，比前一天的计划图内容丰富了很

图 3-7　搭建房屋

多，房间结构也清晰了。他说："今天我要重新搭建我的家，这次我要用的材料是积木区的空心大积木。"老师问："你想自己搭还是和其他人合作？"王子说："我想和帅帅、琦琦一起搭。"于是，三人一起合作搬运积木（见图 3-7）。搭建好了后，他们高兴地围着房间转了又转。王子坐在客厅的"沙发"上假装看电视，帅帅躺在卧室的"小床"上睡觉，而琦琦已经开始在小厨房里"做饭"了。老师在一旁将他们的游戏过程拍照记录，并请配班教师将照片打印出来。王子对于他们一起搭建的房屋感到很自豪，想要和其他小朋友分享他的家，所以在游戏结束后，在教师的支持下，保留了他们的作品。

回顾时，王子带着大家前往搭建好的房屋参观（见图 3-8）："看，这就是我和帅帅、琦琦一起搭建的家，厉害吧！"前来参观的幼儿好奇地看看这儿摸摸那儿，纷纷夸赞道："你的家真大呀！家里还有这么多东西，我都想住这里了。""王子你们太厉害了！搭的房子真好！"王子自豪地向大家介绍他们的搭建方法，一边指着房子一边说："这里的围墙是一层一层垒起来的，我们垒了三层，比小积木搭的结实。"老师说："哦，你们用了垒高的搭建方法，还有什么其他的搭建方

图 3-8　参观成品

法吗？”帅帅说：“还可以像搭桥一样。”老师说：“哦，还可以用架空的方法搭建。”琦琦想了想说：“我见过砖头搭的墙，是这样搭的。”琦琦边说边用积木向大家演示。老师说：“琦琦用的是交错垒高的方法。”大家陆陆续续说了几种搭建方法。王子听了后表示：“那我们明天也可以这样搭。”

于是在下一次做计划时，王子准备用架空和交错垒高来尝试搭建，比较哪种方法搭建的房屋更牢固。在工作时间，王子按照计划进行游戏，并将搭建的方法用绘画的方式简单记录。回顾时，王子向大家展示了自己的记录单，说：“这是我画的搭建围墙的图。”老师问：“这跟之前的搭建有什么不同呢？”王子说：“之前我们的围墙是垒高的，这次我用了架空和交错垒高的方法。”老师问：“那你有什么发现呢？”王子说：“我觉得交错垒高的围墙更高更结实，还不容易倒。”王子将自己在游戏过程中的经验进行了总结，并和大家分享。

通过观察，教师发现王子是处于最近发展区的幼儿，于是在游戏活动中着重观察和记录了王子的语言及行为。在回顾时间，教师鼓励王子向大家描述他的工作过程，说出他的感想。王子能够说出他认为自己搭建的材料、空间和功能存在的不足，并在教师的引导下尝试自主解决问题，改进了搭建的方法，满足了深层次的游戏意图。教师坚持每次在游戏过程中组织幼儿进行回顾，让他们养成习惯，能够将自己的计划内容和工作过程联系起来，反思自己是否按照计划开展游戏、在工作中遇到了哪些问题。教师记录幼儿做计划、工作时的语言、行为、问题，支持幼儿游戏的纵深发展。在活动中，教师采用了适合幼儿年龄特点的多种方式进行回顾，如展示搭建的设计图、分享作品的照片、呈现搭建完成的房屋作品、给搭建过程的照片排序以及支持并鼓励幼儿分享游戏体验，帮助幼儿理解和回忆，理清搭建思路，总结游戏经验，同时满足幼儿的游戏兴趣。

雯雯喜欢做计划了

雯雯是个内向的女孩子。早餐后小朋友都在做计划，可雯雯却直接跑到区域里东转转西看看，一会儿在家庭区抱抱宝宝，一会儿在图书区翻翻书（见图 3-9）。她没有明确地计划自己要做什么，也不和其他幼儿一起游戏。

通过对雯雯的观察，老师针对性地对计划方式进行了调整，在开火车的计划

图 3-9 无目的游戏

游戏中增加了“火车票”，使游戏变得更加有趣，更能调动幼儿的积极性。在计划时间，老师说：“计划时间到啦！今天我们来玩开火车的游戏。上车前请在我这儿拿车票。”听到老师的话，想参与游戏的幼儿都来领取“火车票”，然后排成一列纵队，变成了“小火车”。虽然雯雯没有第一时间加入，但是老师观察到坐在图书区小沙发上的雯雯的视线一直追随着“小火车”。于是老师继续说道：“大家准备好了吗？小火车要出发啦！”小朋友们一边唱儿歌“轰隆隆，轰隆隆，火车要开啦”，一边跟随老师来到积木区。老师说：“呜——火车到站了！谁想在积木区下车？请把车票交给我。”想在积木区游戏的几个小朋友把车票给了老师（见图 3-10），然后回答老师的问题“今天想做什么事情？”“需要哪些材料？”“这些材料在哪里？”后，便进区进行游戏了。

图 3-10 把车票交给老师

雯雯被开火车的游戏所吸引，默默地走到了“小火车”最后的位置，跟着大家一起出发。到了家庭区，老师说：“呜——火车到站了！谁想在家庭区下车？”这时，雯雯说：“我要下车。”老师说：“请把车票交给我。”雯雯摇了摇头说：“我没有。”老师说：“那你下次上车前记得在我这里拿车票哦。”雯雯说：“好。”

老师问她：“那你想去做什么事情？”雯雯指着家庭区（见图 3-11）说：“我要去那里玩。”老师问：“你要去家庭区玩什么？”雯雯看了看玩具柜，直接拿起了小熊。

图 3-11 雯雯想去家庭区玩

老师说："哦，你想玩小熊。"雯雯说："我要给小熊吃饭。"老师说："哦，你今天的计划是喂小熊吃饭，你需要的材料是玩具小熊，它在家庭区的玩具柜上。你可以开始你的计划了。"

在工作时间，老师观察到雯雯拿了小熊后，去艺术区玩了泡泡泥，还去玩具区玩了小汽车，最后把小熊放在积木区玩起了积木。虽然雯雯并没有完全按照自己的计划进行工作，但是她开始有了做计划的意识。到了第二天的计划时间，老师说道："计划时间到啦！我们来玩开火车的游戏。"雯雯听了后变得很积极，主动跑到老师面前，拿着"火车票"加入做计划的游戏中（见图 3-12）。

图 3-12 雯雯加入了

教师组织幼儿坚持每天做计划，久而久之，雯雯从最开始的用手指表达想法，成长为能够用简单的语言表述出自己的游戏意图。

一段时间后的一天，在计划时间，老师说："想要在艺术区游戏的小朋友，请把车票交给我。"雯雯举着"火车票"说："我要下车！"老师走到她面前，蹲下来问她："你今天想做什么事情呢？"雯雯说："我想去画花。"老师说："哦，你想去画花。那你需要哪些材料呢？"雯雯看着艺术区的材料柜说："我需要水彩笔和纸盘。"老师问："这些材料在哪里呢？"雯雯回答："在艺术区的柜子里。"到了工作时间，雯雯用水彩笔在纸盘上绘画。她看到旁边的小朋友在玩泡泡泥，于是也去拿泡泡泥。老师看到后问她："你也想要泡泡泥吗？你想怎么用？"雯雯说："我想做红色的花。"她将泡泡泥揉成小团，按压在纸盘上，给自己画的花填充了颜色。雯雯看着自己的作品，显得很满足。

接下来的一段时间，教师发现雯雯总是重复用泡泡泥给自己画的花填充颜色。通过在游戏中对雯雯的观察，教师决定增添大小不同的纸杯、颜料、排笔等材料，以支持幼儿的游戏。在之后的计划时间，教师向幼儿介绍了这几种新投放的材料。

图 3-13　制作新作品

之后，雯雯说道：“今天我还要画花。我要用颜料和纸杯，画七色花。”随后她在游戏中用新材料，制作出了新作品（见图 3-13）。

教师组织幼儿每日坚持做计划，使雯雯从最开始的以自我为中心以及无目的、无计划游戏，转变为有目的、有计划地行动。当幼儿有了新想法、对材料有新需求时，教师及时提供材料以支持幼儿的游戏，并在下次做计划前，先向幼儿介绍和说明投放的新材料，引起他们的关注。例如雯雯对新投放的纸杯、颜料和排笔很感兴趣，于是她计划了用这些材料绘画七色花的新游戏，丰富了游戏内容，提升了创造能力。

经过一个学期的计划时间，雯雯已经能够在每天主动性区域游戏前，计划自己今天想要做什么事情，思考需要用到哪些材料及这些材料在哪里，计划水平有所提高。教师完全尊重幼儿的意愿，支持他们的想法，鼓励其按照计划开展工作。即使雯雯在工作中受他人影响或自身专注能力不足，没有按照自己的计划进行工作，教师也不强求，而是引导幼儿按照自己的想法继续工作或做新的计划，充分体现了幼儿在游戏中的主体地位。在趣味性十足的“开火车”计划游戏中，雯雯不仅熟悉了班里的区域名称、环境和材料，还能在教师的鼓励下，大胆表述自己的想法，语言表达能力有所提升，逐步养成了做计划的好习惯，越来越愿意与他人分享交流了，社会交往能力也得到了提升。

弹性时间策略

主动性区域游戏以幼儿为主体，尊重幼儿的意愿。在主动性区域游戏开展之后，游戏时间具有了一定的弹性，不再限制幼儿在统一的时间结束游戏，给予其足够的游戏时间，满足了他们的探索欲望，支持了幼儿游戏的充分开展。

◎案例一：给妈妈的礼物

临近“母亲节”时，大班开展了有关母亲节的主题活动。在区域游戏时间，墨墨计划给妈妈制作一个节日礼物。

老师问：“你今天想做什么事情？”

墨墨说：“我今天想做一张贺卡和一个蛋糕，送给我妈妈当母亲节礼物。”

老师问：“你需要什么材料呢？”

墨墨想了想说：“我需要皱纹纸、水彩笔、胶水和剪刀，用来做贺卡，还有泡泡泥和纸盘，用来做蛋糕。这些材料都在艺术区的材料柜里。”

老师继续问：“你想自己完成还是和其他人一起合作呢？”

墨墨说：“我想自己做。”

做完计划，墨墨便去艺术区寻找材料。她用水彩笔在白色卡纸上画了一幅画，上面是妈妈、爸爸和自己（见图3-14）。她十分细致地画着贺卡，并仔细地在上面涂上自己喜欢的颜色。接着，她选了一张红色卡纸，在卡纸的一边画了个大大的爱心，用彩色扣子对爱心进行装饰，在另一边粘上了用皱纹纸折成的扇子一样的花束。随即她将白色卡纸与红色卡纸背对背贴在一起，沿着中缝折叠，节日贺卡终于完成了。墨墨的自主专注能力发展较好，她能够形成较为详细的

图3-14 制作礼物

游戏意图，能坚持较长的时间去完成和实施自己的计划。

由于墨墨的手部肌肉发展稍弱，做贺卡就花费了整个工作时间，快到整理环节时，墨墨计划的蛋糕还没有开始做。于是，她对老师说："老师，我送给妈妈的节日贺卡已经做好了，但是蛋糕还没有做，我能不能继续做呢？"老师说："可以呀，继续完成你的工作吧。"在老师的鼓励下，墨墨并没有跟其他小朋友一起整理，而是拿出泡泡泥和纸盘开始做蛋糕。她还用艺术区的小饰品材料对蛋糕进行了装饰（见图3-15）。终于，墨墨把做好的贺卡和蛋糕放在艺术区的作品展示柜上。她高兴地说："等放学回家，我就可以给妈妈送礼物了。"

图3-15　继续制作礼物

从这个案例中能看出墨墨的自主专注能力发展较好，能够坚持较长时间完成自己制作礼物的计划。当工作时间快结束时，墨墨还没有完成自己的工作，教师选择延长她的游戏时间，采用弹性时间的策略支持墨墨继续完成她的计划。

◎案例二：我是安全小卫士

混龄班的一部分小朋友最近喜欢在区域游戏时间自发玩乘坐地铁的游戏。在计划时间，他们有的想要扮作乘客，有的想要扮作司机，还有的想要扮作安检员。大宝思思（5岁）说："我今天想当地铁安全员，看看大家有没有遇到危险。我可以提醒大家注意安全。"老师问："那你需要什么材料呢？"思思说："我需要安全员的牌子，可以挂在脖子上，这样大家就知道我是安全员了。"老师接着问："你想要和谁一起游戏呢？"思思想了想说："我想邀请芮芮跟我一起当安全员。"于是思思戴着安全员的牌子去邀请同是大宝的芮芮（5岁）。两个小安全员手拉手，一起在教室里开始巡逻。

当她们发现有人想要钻进搭建的"安检箱"里时，赶紧上前制止道："不能钻进安检箱！这是检查行李的，人不能钻进去。"当她们看到有人在"刷卡处"挤成一堆时，思思提醒说：“请排队刷卡，不要拥挤，小心把别人挤倒了！”在搭建好的“地铁”里，有的人坐在座位上，有的人在“列车”里跑来跑去。小安全员走上前说：“坐车的时候不能乱跑，很危险，快坐在位置上去。”在乘坐地铁的游戏过程中，“危险”现象还真不少，两个小安全员忙忙碌碌，不停地提醒其他人要注意乘车安全（见图3-16和图3-17）。

图3-16　安全员上岗

游戏结束后，思思和芮芮还意犹未尽，不愿摘下安全员的牌子。她们对老师说：“我们还想继续当安全员。”老师问：“除了乘坐地铁的时候需要安全员，什么时候还需要呢？”芮芮思考了一会儿说：“大家都在整理玩具的时候，如果有人抢玩具，就需要安全员。”此时，正好有两个小年龄段的弟弟在整理玩具的时候发生了争抢，思思赶紧劝解说：“不要抢玩具，也不能扔玩具！你们可以玩石头剪刀布，谁赢了谁来整理这些玩具。”小安全员及时制止了危险事件的发生，感到很自豪。思思还对老师说：“一会儿要吃午饭了，大家要去卫生间洗手。我们还可以当安全员，提醒大家排队洗手，不能拥挤。”芮芮道：“还可以提醒弟弟妹妹们用七步洗手法洗手，不能玩水，也不能浪费水。”到了午餐后的散步环节，思思又说：“散步时也需要安全员的提醒！”老师对两个小朋友的提议表示赞同，让她们继续履行安全员的职责。

图3-17　安检进行中

案例中的思思和芮芮对安全员的工作有很大的兴趣，她们的游戏意图不仅仅局限在区域游戏中，还延伸到了一日生活中的各个环节里。她们沉浸在安全员的角色中，与他人积极互动，游戏意图更复杂多元。可见不限制游戏时间，不仅可激发幼儿持续游戏的兴趣，还可促进幼儿进行社会交往、自律及提升生活自理能力。

◎案例三：小小消防员

大班幼儿对近期的“119消防教育安全日”活动颇有兴趣，喜欢在区域游戏时间里扮演消防员开展灭火游戏。结合幼儿前期的兴趣需求，老师在家庭区里增添了一些消防员服装和安全帽，并在计划时间向大家介绍了这些新增的游戏材料。

今天的计划时间，老师说：“我们来玩抽取学号的游戏，抽到谁的学号，就请这位小朋友说一说今天想做什么事情、需要什么材料、想自己玩还是和其他人一起玩。”只见老师从神秘盒里抽取一张纸片（见图3-18），写的是山姆的学号，于是山姆向大家分享自己的计划。“我今天想和登登一起当消防员，哪里着火了我们就去灭火。我们需要消防员的衣服和帽子，还有电话和水枪，水枪可以灭火。”山姆对登登说：“登登，我来当队长，你当队员，咱俩一起去灭火吧。”登登说：“好啊！”老师记录下他们的计划，并请他们开始实施计划。

图3-18 抽学号做计划

工作时间，山姆和登登一起去教室里寻找材料。他们先在家庭区的衣架上找到了消防员的服装，穿戴好后又前往玩具区寻找电话和水枪，立马变身成了小小消防员（见图3-19）。他们拿着水枪，一边在教室里四处巡逻，一边模仿着发

图3-19 变身小小消防员

出消防车的警报声。山姆说：“我去看看哪里着火了。”他们走到家庭区，这时正在“做饭”的婷婷说：“我正在做饭呢，你们别过来。”接着他们又来到了积木区，正在忙着搭建房屋的克克（见图3-20）对他们说：“不要把我的房子撞倒了！”

图3-20 搭建房屋

山姆和登登在教室里转了几圈，发现没有帮助别人的机会，感到有些无聊。老师在旁边观察到他们遇到了问题，便询问道：“你们在做什么呀？”山姆说：“我们是消防员，但是大家都不需要我们帮忙。”老师反问：“那你们可以怎样帮助大家呢？”山姆说：“哪里着火了就可以找我们灭火。”登登想了想说：“如果着火了，还可以打119给我们，我们接到电话就能去灭火了。”老师说：“这是个好方法，那大家知道这个方法吗？”登登说：“我们现在就去告诉大家。”于是他们对正在游戏的其他幼儿说：“我们是消防员，如果哪里着火了，就打119，我们就来帮你啦。”看到大家没有电话，山姆和登登便热心地从玩具区寻找了几部手机分给在游戏的孩子。

过了一会儿，正在家庭区游戏的婷婷拿着电话对山姆说：“119，我在家庭区，刚才做饭的时候着火了，宝宝还在里面，快来帮帮我！”接到求救电话后，小小消防员立即跑到家庭区。“让我们来！”他们用水枪对着灶台开始灭火，还用湿毛巾捂住娃娃的口鼻，抱着娃娃弯腰逃出家庭区（见图3-21），成功帮婷婷救出了她的宝宝。另一边，积木区的克克也打来求救电话：“消防员快来呀，我的房子着火了！”小消防员一会儿帮帮这个、一会儿帮帮那个，忙得不亦乐乎。老师在旁边一直观察着他们的行为，并将游

图3-21 救火游戏

戏过程通过拍照的形式记录了下来。工作时间结束后，山姆还意犹未尽地对登登说："我们下次还当消防员，帮助大家吧。"

在整理时间，幼儿按照类别和标识将游戏材料一一放回。山姆和登登将自己用过的服装和玩具整理好后，继续热心地帮助其他人。大家齐心协力，很快就将教室里的材料整理好了。

在回顾时间，老师展示了游戏照片（见图3-22），并请山姆和登登与大家分享自己的游戏。山姆说："今天我和登登当消防员。开始没人找我们帮忙，后来我们告诉大家着火了可以打119，大家就来找我们帮忙了。"老师问："你们觉得游戏中最有趣的是什么？"登登自豪地说："婷婷做饭的时候着火了，她的宝宝还在家里。我们灭了火，还帮她救出了宝宝。"老师请他们示范了如何正确逃出火灾现场，并表扬道："你们真是勇敢的消防员！"山姆高兴地说："明天我们还要继续当消防员，用积木区的空心大积木搭一辆大大的消防车，可以坐着车去灭火。"登登补充道："对！车上还可以放灭火器和水枪，谁有困难就帮助谁！"

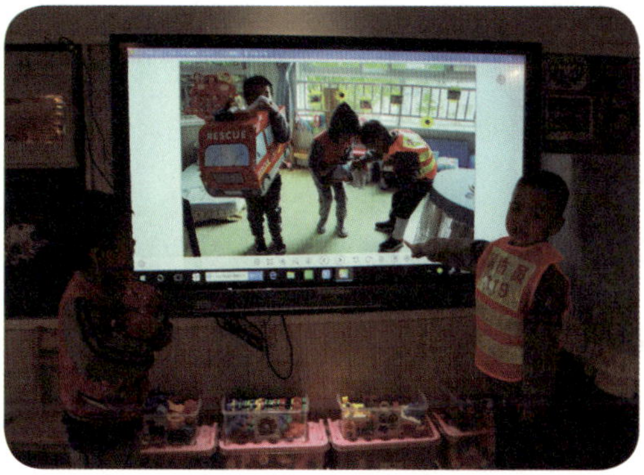

图3-22　分享回顾

角色扮演游戏"小小消防员"是由幼儿依据自身的兴趣自主开展的。他们在主动性区域游戏中体验了消防员的伟大工作，并因此充满了自豪感和成就感。教师作为游戏的支持者，鼓励幼儿思考自己的游戏意图，在游戏过程中支持幼儿的"好主意"，通过倾听幼儿的想法、提开放性问题，拓展幼儿的游戏进程。当幼儿在工作过程中遇到问题后，教师鼓励幼儿大胆表述，尝试用多种方法解决问题，使幼儿获得解决问题的经验，提升自信，促进幼儿解决问题能力的发展。在整理环节，教师注重幼儿整理的过程，观察到幼儿的成长和进步，发现幼儿的生活自理能力得到了提升，幼儿也建立了责任感和集体意识，培养了良好的同伴交往品质。在最后的回顾环节，教师支持处于最近发展区的幼儿进行分享，以激发幼儿更进一步的游戏意图。

第四章

主动性区域游戏的支持策略

> 教学作为一种具有道德追求的事业，它关注的不是实然状态，而是应然状态。教学就像与孩子同行，携带大海的声音，探究爱的含义。
>
> ——比尔·艾尔斯

在幼儿园的一日生活中，幼儿经常会遇到各种各样的问题。有的幼儿会运用已有经验和方法来解决问题，有的幼儿会寻求同伴的帮助，还有一些幼儿因为受年龄、能力、知识、经验的限制，在无法解决问题时最先想到的求助对象就是教师，这时教师的适当指导对幼儿解决问题起着至关重要的作用。幼儿游戏的顺利开展及幼儿在游戏中的主体地位的体现，都离不开教师的适时介入。教师有效的支持引导会激发幼儿自主学习的兴趣，提高幼儿的游戏水平，促进幼儿的认知、能力、情感、社会性等的发展。

第一节　思考：区域游戏中的支持策略

主动性区域游戏是幼儿在自主的环境中，根据自己的兴趣和爱好，自由选择游戏材料、自主开展游戏活动、互相学习交流的活动过程。它强调游戏中幼儿对游戏的主导性，尊重幼儿的主体地位，激发幼儿自发参与游戏的兴趣。主动性区域游戏中，幼儿自由选择同伴、游戏材料，按照自己的意愿游戏。幼儿想要怎么进行游戏、需要什么材料、要怎么玩是教师不能提前预设的，教师必须通过观察去了解幼儿的游戏需求，判断幼儿的发展水平，给予其支持。教师不能干预太多，要抓住有价值的介入时机。如果教师介入不当，会干扰幼儿的游戏。

传统区域游戏中，有些教师对幼儿的发展认识不够深入，观察意识较为薄弱，观察目的性不强，觉得幼儿在游戏中没有争执和安全问题，就不需要进行指导。还有一些教师置身于游戏之外，却想方设法让幼儿按照教师的想法来进行游戏，忽视幼儿在游戏中的需求，游戏往往以掌握技能和知识为主，违背了幼儿的学习规律。还有一些教师在观察游戏过程时，若发现幼儿遇到问题和冲突，会立刻伸手去帮助幼儿解决问题。这虽然能够产生立竿见影的效果，却在一定程度上制约了幼儿解决问题的能力的发展，让幼儿错失自主探索的良机。

通过观察我们发现，在传统区域游戏中，幼儿遇到问题时，教师的解决方法通常会分为放任式和权威式两种类型。对于幼儿在游戏中产生的冲突矛盾，教师通常会成为“裁判员”或“调解者”。

一、传统区域游戏中教师解决问题的方法

传统区域游戏中，幼儿遇到问题后，教师常常会以自己的判断和方法去解决问题，而忽视了幼儿真正的需求。教师的这种放任式或权威式的解决方法在很大程度上影响了幼儿的认知和发展。

（一）放任式

在传统区域游戏中，教师视区域游戏为自由放任的活动。在日常烦琐的工作中，一些教师在幼儿游戏时间会适当放松心态，对幼儿游戏的关注度不够。还有一些教师认为只要保障幼儿的安全，他们想怎么玩就怎么玩，教师不必加以干预。教师只需要为幼儿提供游戏材料，对游戏过程中幼儿遇到的问题却视而不见。以下是发生在建构区的案例。

大班幼儿东东在进行搭建活动。他用积木搭建了一台公交车准备玩开公

交车的游戏。可是他发现了一个问题，那就是公交车上面没有方向盘。于是东东跑到老师跟前对老师说：“老师，我现在需要一个方向盘。”老师听完东东的话后说：“教室里没有方向盘，你玩别的游戏吧！”

在幼儿遇到困难寻求帮助时，案例中的教师没有及时给予幼儿有效的支持，导致幼儿的游戏呈现一种自由放任的状态，使得游戏的作用得不到充分的发挥。在区域游戏活动中，教师要满足幼儿的游戏需求，不能随意干扰幼儿游戏的发展，在丰富幼儿游戏意图的同时帮助幼儿获得深入的游戏体验。教师这时更多的应该是成为支持者和参与者，尽量避免缺乏目的性的指导或改变幼儿游戏意图的指导，保证幼儿游戏的顺利进行。

（二）权威式

在传统区域游戏中，一些教师急于看到教育成效，在游戏过程中寻找一切能够促进幼儿学习的机会，借机加入教学任务。有的教师甚至直接参与游戏，对幼儿进行引导和纠正。在此过程中，幼儿按照教师的安排配合完成游戏。教师以自己的主观意见主导游戏，限制了幼儿提升自主游戏的能力，阻碍了幼儿交往能力、探索能力、问题解决能力的提升，甚至会影响幼儿游戏的进程，致使幼儿终止游戏。以下是发生在表演区的案例。

大班幼儿今天玩理发店游戏，有人扮演理发师，有人扮演洗发技师，有人扮演顾客。游戏开始后，老师发现理发师只是让顾客坐到椅子上开始洗发、理发，对理发工作的其他流程不清楚，游戏显得有点混乱。老师这时忍不住走过去自己当起了“理发师”，给幼儿分配好角色，告诉幼儿每个角色的任务。为了丰富幼儿的相关经验，老师还加入了一些游戏情节，比如新店开业，引导幼儿学习如何接待顾客，手把手教幼儿给顾客洗头、设计发型等。整个游戏在教师的组织安排下，忙碌地进行着。

此案例中，在教师看来，如果幼儿在游戏中什么都不懂，游戏会无法开展。为了确保游戏的开展，教师要参与到游戏中给幼儿提要求、给建议，教幼儿怎么游戏。区域游戏提倡让幼儿快乐自主地游戏，和幼儿一起做游戏的教师也应该拥有轻松、愉悦的心情，可在这个案例中，教师却成了忙忙碌碌安排游戏的人。细细想来，根源在于教师用自己的游戏意图束缚了幼儿，过多的干预影响了幼儿游戏的发展，让幼儿在游戏中承载了太多的责任，从而失去了游戏本身带给幼儿的乐趣。

教师扮演游戏角色参与到幼儿游戏中，带动幼儿进行游戏，将自己的意图转变为幼儿的意愿，看似在支持幼儿游戏的开展，实则有可能阻碍幼儿创造性的发挥。事实上，教师带着清晰的目标进入游戏后，常常会不自觉地统领、掌控游戏全程。

传统区域游戏中，教师对于“问题解决”的方法，存在以下几个弊端：

(1) 削弱幼儿解决问题的能力。教师所谓的帮助往往会限制幼儿主动性的发挥，也就是说，教师在幼儿遇到困难时进行的介入未经慎重思考、未把握恰当的介入时机且未采取适宜的方式方法，过多地从自身角度出发进行指导，追求立竿见影的效果。这样看似帮助幼儿解决了问题，实则削弱了幼儿自主解决问题的能力。

(2) 阻碍幼儿知识经验的发展。教师的介入积极性差，只重视幼儿在游戏中的安全，对游戏内容的关注度不高，缺少对游戏状况的观察，缺乏科学性的引导支持。幼儿对每个游戏都是浅尝辄止，或简单重复游戏，或盲目跟风，没有深入探索游戏的机会，所以幼儿的知识经验和能力很难得到提升。

(3) 降低幼儿游戏的趣味性。教师过多地参与游戏或者不恰当地介入，会降低幼儿自主游戏的兴趣。把游戏当作有目的、有计划的教育活动，会影响幼儿的游戏体验，让游戏失去本身的流畅性和趣味性。

(4) 改变幼儿游戏的意图。教师频频介入游戏，无意中将自己的意图强加于幼儿的游戏意愿之上，追求即时效应，甚至可能进行所谓的“老师的游戏”。游戏过程中，教师为幼儿设置好了游戏内容并指导游戏。如果幼儿没有按照教师的预设进行游戏，教师还会主动干预，改变幼儿游戏的意图。这时幼儿仅仅是配合教师进行游戏，对幼儿的主体性发挥具有不利的影响。

教师如果不能观察判断幼儿区域游戏中的实际需求，频繁干预游戏，会阻碍幼儿游戏的开展；如果放任不管，对区域游戏缺乏有效的引导，会让区域游戏的价值得不到充分发挥。教师要会把握适时的介入时机，运用恰当的策略方法，对游戏进行有效指导，让幼儿感受到自己是活动的主导者，充分体验到区域游戏的乐趣。

二、传统区域游戏中教师解决冲突的方法

幼儿与同伴互动时，因为个性差异、理解水平的不同，在游戏时会产生分歧，从而引发冲突。冲突发生后，大部分幼儿无法有效解决，有的幼儿会以哭闹的形式来发泄不良情绪，有的幼儿会通过不理睬对方来表达不满情绪，还有的幼儿会通过扔东西、毁坏玩具等方式来宣泄愤怒的情绪。如何有效解决幼儿之间的冲突是教师经常面对的问题。有些教师会选择忽略回避幼儿之间的冲突，他们认为“幼儿年龄小，身心发展不成熟，社会交往能力较弱，游戏中出现冲突是不可避免的”。“教师每天要照顾多名幼儿的生活和学习，精力有限，如果事无巨细对待冲突就会力不从心。”还有一些教师面对幼儿之间的冲突，会选择直接干预裁判，平息“战争”。他们表示，“幼儿心智不够成熟，不能自主解决冲突，需要成人帮助来解决”。但是这样的解决方法未必是最适宜的。心理学研究发现，当幼儿的心理发展成熟时，他们解决冲突的能力就会逐渐增强，社会适应能力也会逐渐提高。

（一）裁判员

“裁判员”式的教师会直接介入幼儿间的冲突，纠正幼儿的行为，帮助幼儿解决矛盾。通常教师的做法是先询问冲突的起因，判断谁对谁错，再说出每个人的问题，直接告诉幼儿应该怎么做。以下是发生在建构区的案例。

> 中班幼儿蛋蛋和米粒在争抢一个恐龙玩具。老师看到后问他们：“发生什么事了？”蛋蛋说：“这个恐龙是我先拿到的，她抢我的恐龙。”米粒说：“蛋蛋一直占着玩具，不让我玩。”老师说：“米粒抢玩具是不对的，但是玩具也要大家一起分享。你们可以轮流玩这个玩具。蛋蛋先玩，玩一会儿之后再给米粒玩。”于是蛋蛋继续拿着恐龙玩具，米粒则在一旁安静地等待着。老师离开之后，米粒也离开了建构区，游走在各个区域之间，接下来的活动表现得很不积极。

此案例中，两个幼儿为了一个玩具而争抢时，教师运用自己“裁判员”的角色告知幼儿采用轮流玩的办法，解决了幼儿之间的冲突，最终幼儿不再争吵、各自去活动了。教师这样做看似解决了矛盾，实际上让幼儿错失了自己解决问题的良机。这样的指导方式不仅无法发挥教育意义，也忽视了幼儿的情绪表达和情感认知。

（二）回避者

“回避者”式的教师常常忽视幼儿的冲突，或者尽量避免介入冲突，用一切方法减少可能发生的冲突，维持游戏秩序。

> 小班幼儿小星和小强在搭建房子，突然小星大声说道：“那是我的，给我！”老师看到后问：“发生什么事了？”小星说：“这个积木是我先拿到的，他抢我的积木。”小强也说：“可是我现在也需要这个积木。”教师说：“好了，不要争吵，保持安静！”

幼儿发生冲突时，教师用语言避免了幼儿之间的争吵。从表面上看，他们的冲突暂时没了，但是却错失了一个自己独立解决问题的机会，下次遇到相同的情况，他们还会发生相同的矛盾。

在遇到幼儿发生冲突时，教师如果只是单纯地采用“一刀切”的处理方式，会阻碍幼儿交往技能的提升，不利于幼儿的健康成长。

传统区域游戏中，教师解决冲突的方法有以下几个弊端：

(1) 减少了幼儿的主动学习经验。研究表明，18 个月大的幼儿就已经显露出解决问题的能力。3~6 岁幼儿在遇到冲突时，若教师直接告诉幼儿怎么做，或用简单的语言终止幼儿之间的冲突，长此以往会影响幼儿交往能力的发展，幼儿主动解决冲突的能力会减弱。

(2) 增强了幼儿对成人的依赖性。当幼儿与同伴发生争执时，如果每次都由教师来解决，幼儿就会习惯并依赖成人的帮助，在以后遇到相同情况时还是无法独立解决问题。长此以往，幼儿的独立思考、解决问题的能力会受到影响，幼儿的社会性发展会受到制约。

(3) 阻碍了幼儿交往能力的发展。幼儿之间发生冲突是一种常见的现象。3~6

岁的幼儿正处于社会发展观念形成的重要时期。若教师总是从自己的主观想法出发制止幼儿的冲突，幼儿会因此缺失自己解决冲突的经验，无法习得与同伴协商、合作等基本的交往技能，影响幼儿亲社会性行为的形成。

（4）会对幼儿产生负面影响。幼儿发生冲突时，教师如果直接担当“裁判者”的角色，不询问事情缘由，先入为主地批评那些平时比较调皮的幼儿，可能会出现判断失误，无法做到公平公正。这样做还会让被批评的幼儿形成消极的自我意向，情感变得脆弱，从而可能会疏远教师。而引起冲突的幼儿则容易是非不分，认识不到自己的问题。这样的处理可能会让幼儿之间的冲突越来越严重。

面对教师在游戏支持策略中存在的问题，我们进行了教研讨论，也产生了诸多困惑：幼儿在游戏的过程中遇到问题时，教师究竟要不要支持和介入？教师应该何时去介入？教师采用什么方法介入游戏，才能在不影响幼儿游戏开展的同时发展幼儿的个性与创造能力？对这些困惑的思考，引发了我们对主动性区域游戏中教师支持策略的思考。

第二节　实践：提供主动学习的支持策略

一、探究与学习

大家围绕“游戏中，教师究竟要不要支持和介入？”进行了教研讨论。教师们发表了不同的看法。

侯老师：我认为幼儿游戏时，教师要适时介入并支持幼儿的游戏，为幼儿顺利游戏提供保障。

杨老师：如果幼儿不会操作游戏材料，我认为需要介入。若放任幼儿自由玩耍，会导致投放材料所对应的教育目标无法顺利达成。这种情况下的教师介入和指导，能帮助幼儿掌握相关知识技能。

石老师：教师保证幼儿安全即可，尽量少干预幼儿的游戏。

高老师：我认为教师的介入会打断幼儿的游戏，对幼儿产生干扰，阻碍幼儿创造力的发展。

任老师：教师要以合作者的身份参与幼儿的游戏，给予幼儿自由游戏的空间，同时在幼儿遇到困难时能给予恰当的支持。

刘老师：教师需要支持幼儿的游戏，但是不能随意打扰幼儿的游戏和改变幼儿的游戏内容。

王老师：教师需要在后面观察幼儿的游戏，在适当的时候给予幼儿支持与帮助，不要随意介入幼儿的游戏，把更多的自由空间还给幼儿。

以上观点说明了教师对自身角色的定位不同。权威型教师受传统教育思想的影响，在开展区域游戏过程中偏重结果而忽视过程，对“什么是儿童的学习”缺乏正确的认识。放任型教师完全遵从“游戏要以幼儿为本”，认为自己只是旁观者，担心一旦介入游戏就不是以幼儿为本了，于是对幼儿的游戏放任自流。

针对教师教育观念存在的分歧，我们组织教师讨论“什么是儿童的学习”。在讨论中，教师们的认知发生了碰撞，有的教师认为“幼儿的一切活动都是在学习”，也有教师认为“幼儿的学习就要靠教师的教授”。“集体活动内容比小组活动内容更全面，能让幼儿学到更多知识。”教研组教师们通过阅读书籍、查找文献等途径，对“儿童学习”的理解更加清晰了：

◎ 学习是一个过程，是由旧经验不断加以改变到形成新经验的过程。

◎ 学习分主动学习和被动学习，有效学习和无效学习。

◎ 幼儿的学习应该是在游戏中主动、自发地学习。

◎ 只要幼儿具备探索、操作的能力，能够观察和表达，分享自己的收获，就是有意义的学习。

◎ 幼儿通过观察、探索、实践等方法来实现学习目标，达到学习效果。

◎ 通过自主地分析探索发现问题并恰当解决问题，是一种获得知识的学习方式。

再次讨论时，教师对幼儿的学习有了更深刻的思考，认识到幼儿的学习是非常广泛的。游戏是幼儿学习的重要途径之一。教师们重新认识了幼儿游戏的价值，当他们再去观察幼儿的言行时，会从接纳和理解的角度去分析、识别，而不是急于用自己的认知和判断去下定义。

基于对幼儿主动学习的认知，我们开始引导教师对游戏中自身的角色重新定位。教师应该和幼儿一起做游戏，需要保持永不泯灭的童心，忘记“老师”身份，做幼儿游戏中的“玩伴”。在整个区域游戏中，教师的适时介入能够帮助幼儿加深游戏体验。教师的角色应该是灵活的、多重的。为满足不同幼儿的发展需求，教师要创设多种区域，给他们平等参与的机会，此时教师是环境的创设者；区域活动开展时，教师是游戏材料的提供者；幼儿能自主地进行游戏时，教师是游戏的观察者；游戏过程中，教师是幼儿兴趣的激发者、应答者、支持者、参与者；游戏结束后，教师是活动成果的评价者、激励者，幼儿经验分享的倾听者、赞赏者。

随着教师对自身角色地位的认知日渐清晰，“完全放任”和“高度控制”的游戏慢慢消失。通过教研讨论，教师们达成了共识：区域游戏中没有完全自主的游戏，教师应平衡幼儿在游戏中的自主地位和成人作为“支架”参与之间的关系。这种关系的平衡更能促进幼儿游戏水平的提升。在游戏过程中，除了必要的环境材料准备，教师还应通过多种方式搭建“支架”，让幼儿的游戏在拥有成人“支架”的教育环境中进行。

什么样的“支架”是有效的？如何真正尊重幼儿？如何帮助幼儿在区域游戏中提升独立解决问题和解决冲突的能力？如何支持幼儿的游戏水平逐步提高？针对这些问题，我们试图寻找区域游戏中最佳的支持方法。通过学习高宽课程中的师幼互动策略，我们领悟到在主动性区域游戏中，要遵循“幼儿在前，教师在后”的理念，为幼儿提供自主解决问题的机会，支持幼儿实现自己的意图，了解幼儿当前的已有经验，观察幼儿的游戏兴趣，给予幼儿相应的帮助和支持。教师要意识到幼儿在一日生活中会遇到各种各样的问题，也可能会与同伴发生冲突，因此在遇到这些问题时，教师不要急于用自己的方法帮助幼儿解决，幼儿有自主决定和选择的权利。教师需要学会静心等待，观察幼儿，把握准确的介入时机，在幼儿真正需要的时候给予其最恰当的支持。

在探究与学习后，教师们开始静下心来观察幼儿，了解幼儿的需求，支持幼儿的游戏，分析幼儿的发展，教育观念和教育行为也逐渐发生了转变。教师们学会了等一等、看一看，把更多的自由空间还给幼儿。

吴老师：教师要学会“忍耐”，欣赏幼儿的每一个成长瞬间，静待“升级”。我要学会如何做一个有智慧的教师，去支持和引导幼儿的主动学习。

孙老师：我学会了怎样去观察和记录孩子的活动、怎么支持孩子的游戏，懂得了如何分析和给出正确的策略。

严老师：我们要陪伴幼儿、支持幼儿的游戏，相信幼儿有处理问题的能力，在他们遇到困难时，给幼儿合理的引导。

蔡老师：当幼儿遇到问题时，我们应该给予幼儿充分解决问题的时间和机会。

宋老师：幼儿之间发生矛盾时，要先倾听他们的心声，了解冲突发生的原因，为幼儿自己解决冲突提供帮助。

魏老师：游戏过程中，教师应该学会等待，寻找恰当的介入时机，不能用自己的行为控制幼儿的游戏。

杨老师：教师要理解幼儿冲突发生的教育价值，耐心引导和鼓励幼儿寻找冲突产生的原因，帮助幼儿学会解决冲突的方法。

从教师们的体会中可以看到，他们的理念和教育方法已经逐渐发生变化。让人惊喜的是，幼儿自发的、自由自主的游戏每天都在持续着。在游戏中，幼儿自己做计划、自主选择材料，体验着主动性区域游戏给他们带来的快乐。

二、尝试及改变

通过不断地探究与学习，我们认为以下支持策略可以有效促进幼儿主动性区域游戏的开展。

（一）游戏中的支持

1. 提升幼儿交往能力的策略

幼儿的两大人际关系分别是亲子关系和同伴关系。幼儿入园后，同伴间的交往持续增加，日益增多的同伴关系对幼儿的社会化进程及发展有着重要意义。很明显，不同年龄段幼儿的社会交往能力不同。小班幼儿的同伴交往大多以平行游戏为主，交往方式更多的是关注身边其他小朋友的游戏，有的会模仿同伴的游戏，有的会与同伴进行一些简单的对话。中班幼儿间的交往已不满足于模仿同伴的游戏，他们有了想参与同伴的游戏的意图。这个阶段的幼儿能表达自己的想法，理解同伴的感受，学会与同伴友好合作，尝试通过言语交流加入同伴的游戏。大班幼儿的同伴交往更多的是合作游戏，这个阶段的幼儿已有很强的想象力，能参与比较复杂的游戏，协商、分配角色，在同伴交往中主动学习。

幼儿想要参与同伴游戏时，教师可以帮助幼儿用语言或用媒体等方式参与游戏，如直接向同伴表达“我能和你一起玩吗?”，还可以通过给同伴递送游戏材料的方式加入他们的游戏。如果介入成功，教师退出。如果介入失败，教师陪同幼儿一起游戏，进一步等待时机。

中班幼儿佟佟和乐乐在搭建积木。欣欣几次走到他们旁边，想要参加游戏，但最终只是在积木区徘徊。老师看见之后，问欣欣：“你想和他们一起玩吗?”欣欣点了点头。老师走到佟佟和乐乐跟前说：“佟佟、乐乐，我看见你们在玩积木，欣欣也想加入，我们可以和你们一起玩吗?”佟佟说：“老师，我们俩想自己玩。”于是老师陪着欣欣用同样的材料在旁边玩。过了一会儿之后，乐乐说：“我需要一些三角形的积木。”老师便拿了一块三角形的积木递给乐乐：“你需要这块积木吗?”乐乐接过了老师手中的积木。欣欣看见之后也去找了一块三角形的积木，递给乐乐说：“你需要这块积木吗?”乐乐高兴地接过积木说：“谢谢你。”老师说：“欣欣给乐乐递了积木，看上去欣欣很喜欢也很愿意和你们一起玩积木游戏。”听到老师的话之后，乐乐和佟佟邀请欣欣和他们一起进行搭建活动。

在同伴交往方面，成人要避免过多地对幼儿进行说教，要给幼儿示范如何介入同伴的游戏。在此过程中，教师希望幼儿怎么做，自己就要做示范。加入游戏的时机是自然而然的，而不是教师强行给其他幼儿压力和建议，强迫其他幼儿接受。

2. 提升幼儿艺术素养的策略

艺术活动提倡幼儿能初步感受艺术中的美。小班幼儿在艺术创作方面属于探索艺术材料时期。这个阶段的幼儿对艺术材料感兴趣，重在探索，不在于画得像不像。中班幼儿的艺术创作能力有所提高，他们可以创作一些简单的艺术作品。大班幼儿的想象力和创造力已大为提升，因而幼儿已经可以用比较丰富的艺术元素来表达想法和情绪。

每个幼儿心目中的“艺术品”都是不同的。艺术创作不应追求幼儿画得“像不像”。在幼儿创作作品时，教师要鼓励幼儿用自己喜欢的方式进行创作，大胆表现自己的感受和体验。在幼儿展示自己的艺术成果时，教师不要用成人的眼光去评判幼儿的作品，学会欣赏和肯定幼儿的作品。

小班幼儿朵朵的计划是画一棵树。她来到艺术区，拿了水彩笔和画纸，首先在纸上画了一条竖的直线，然后用笔在直线的顶端画了一个圆圈，最后用红色水彩笔在圆圈里面画了好多红色的点点。朵朵画完之后拿着作品来到老师跟前说：“老师，你看我画了一棵苹果树。”老师拿着朵朵的作品说：“老师看见你画了一棵苹果树，画得很不错。你能给老师介绍一下你的作品吗？”朵朵指着作品上的直线说：“我画的苹果树身子高高的，像我一样。”接着果果又指着那些红色的点点说：“这些是苹果，我画了好多苹果，要和老师、小朋友们一起分享。”听完果果的介绍之后老师说：“果果今天的作品画得真不错，苹果树的树干又高又挺拔，圆圆的苹果看起来很好吃。”

幼儿的艺术创作只是他们对美的一种表达方式，不管他们的作品是“美”是“丑”，都是幼儿成长的见证。教师要用欣赏的目光去看待幼儿的作品，为幼儿的艺术创作提供大胆表现的机会。

3. 提升幼儿表达能力的策略

幼儿期是语言发展的重要时期，对幼儿的学习与发展极为重要。小班幼儿受年龄及认知水平的限制，语言表达不完整，会用一些身势语来辅助表达。随着年龄的增长，中班幼儿能清晰地与他人谈话，运用比较丰富的词汇，使用一些完整的句子表达自己的想法。大班幼儿的理解能力和观察能力更强，具备了一定的语言综合能力，能更加自如地运用语言表达自己的想法。

在幼儿想要描述一件事情或者需要表达自己的想法时，教师可以使用沟通八字经“描述、重述、重构、延伸”来提升幼儿的口语表达能力。

在幼儿不会说时，教师可以描述，为幼儿做示范。

小班幼儿冬冬拿着纸片说：“老师，你看，票。”老师描述道：“我看到你拿一张长方形的纸片当火车票。”

当幼儿说对了时，教师可以进行重述，帮助幼儿厘清游戏意图。

中班幼儿乐乐说：“老师，你看我找到了一块三角形积木。”老师重述道：“老师看到你找到了一块三角形积木。”

当幼儿说错了或表达不准确时，教师可以进行重构，让表述更有条理，帮助幼儿回顾和提升经验。

小班幼儿果果指着手中作品说：“这是葡萄，好多个，圆圆的，是我捏的。”老师重构道：“这是你捏的好多个圆圆的葡萄。”

当幼儿会说了时，教师可以进行延伸，让语言表达更丰富。

中班幼儿开心地说：“这是卖票的地方。”老师延伸道：“我看到你用了几块长方形积木搭建了出售车票的窗口。”

教师用描述、重述、重构、延伸等策略客观描述幼儿的行为和作品，会自然而然地激发幼儿交流的兴趣。在交流过程中，教师不带任何评价的客观描述，为幼儿营造了安全的心理氛围，让幼儿感到自己正在做的事情是被老师关注的、认可的。在接下来的活动中，幼儿会更愿意和教师围绕他们正在做的事情展开更广泛和深入的交流。

艺术区里，中班幼儿悦悦拿了几包不同颜色的泡泡泥，她把几种颜色的泡泡泥混在一起揉。在一旁的老师看见了说：“我看见你拿了蓝色、黄色还有白色的泡泡泥，不停地在揉捏。”悦悦说：“对啊，我用了很多颜色，揉成了这种颜色的泡泡泥。”老师说：“我看你把蓝色、黄色还有白色的泡泡泥混到一起揉，变成了浅绿色的泡泡泥。”悦悦点点头说：“我用几种颜色变出了浅绿色。”老师说：“悦悦今天把几种不同颜色的泡泡泥混在一起变出了另外一种颜色的泡泡泥，就像一个魔术师一样。”悦悦用揉好的浅绿色泡泡泥捏了几个小圆球，然后对老师说：“老师，它们一样大，这是我捏的好多颗葡萄。”老师说：“这是你捏的好多颗葡萄，它们都是一样大的。”

4. 提升幼儿探究能力的策略

在主动性区域游戏中，幼儿根据已有经验主动地对外界事物做出一系列尝试与探究，通过探究周围的事物，了解各种科学现象，提升独立提出问题、分析问题、解决问题的能力。小班幼儿由于年龄小，缺乏学习经验，他们的探究处于识别现象阶段。他们能初步发现问题，但是缺乏有效解决问题的能力。中班幼儿的观察能力和识别能力有所提高，他们会对一些简单的科学现象进行预测检验。大班幼儿可以更加有意识地观察并进行表达，尝试参与实验，通过实验将自己的猜想与操作结果进行对比。

当幼儿在探究活动中受阻时，教师可以用做平行游戏的方法在幼儿旁边玩同样的游戏，通过“描述”来引发幼儿的深度学习。教师还可以和幼儿玩“你猜、我猜”的预测游戏，让幼儿猜测结果，激发其探索欲望，提升幼儿发现问题、分析问题的能力。最后教师还要为幼儿提供实验机会。幼儿通过实验操作，验证猜测，解决问题，为其开展科学探索活动积累经验。

大班区域游戏时间，小雨的计划是观察纸的吸水速度。他在艺术区拿了一张卡纸和一张绘画纸，用量杯接了一杯水，然后他先将卡纸的一半放进量杯中，水慢慢沿着卡纸往上吸。他用同样的方法观察了绘画纸的吸水速度。操作完成之后小雨产生了疑惑：哪张纸吸水更快呢？小雨将目光投向老师，好奇地问老师：“老师，你说绘画纸和卡纸，谁的吸水速度更快呢？”老师听了后便拿了卡纸、绘画纸和两个量杯，在小雨旁边玩同样的游戏。老师给两个量杯接了水，把卡纸和绘画纸分别放到量杯中，然后开始观察两张纸的吸水速度。小雨按照老师的方法又拿了一个量杯，接了水。这次他把两张纸同时放到水中，开始观察两张纸的吸水性。小雨认真观察着，不一会儿他站起来高兴地说：“老师，你看，绘画纸先变湿，它的吸水速度更快。”

在幼儿探究的过程中，教师要做一个有心的“旁观者”，要善于发现和保护幼儿的好奇心，利用玩平行游戏的支持策略，引导幼儿通过观察、比较、操作、实验等方法，发现问题，分析问题，解决问题，帮助幼儿不断积累经验，促进幼儿探究能力的发展。

5．提升幼儿问题解决能力的策略

如何在主动性区域游戏中帮助幼儿将问题解决能力由低阶段向高阶段提升呢？教师可以采用六大策略支持幼儿游戏。

◎你希望我怎么帮你？

当幼儿在游戏过程中遇到问题，向教师寻求帮助时，教师可以说："你希望我怎么帮你呢？"

小班幼儿甜甜在家庭区给娃娃穿衣服。她试了几次都没有把衣服穿好，急得满脸通红，便生气地把娃娃和衣服丢在一边。她嘴里不停地嘀咕："为什么穿不上呢？"过了一会儿，甜甜有些不甘心，她跑到老师身边说："老师，娃娃的衣服怎么也穿不上，你能帮帮我吗？"老师问："你希望我怎么帮你呢？"甜甜说："你帮我给娃娃穿衣服。"说完甜甜将娃娃和衣服递给老师。老师接着问："你希望我怎么给娃娃穿衣服？"甜甜想了一会儿说："先帮娃娃把袖子穿进去。"老师问："怎样给娃娃穿袖子？"甜甜说："就是把娃娃的胳膊穿进去就可以了。"老师鼓励甜甜试一试。甜甜在给娃娃穿袖子的时候，有一只袖子怎么也穿不进去。老师问："为什么这只袖子穿不进去呢？"甜甜观察了一会儿说："这两只袖子不一样。""哪里不一样？"老师反问道。在老师不断地追问下，甜甜终于发现那只袖子是反的。接着老师鼓励甜甜先尝试把袖子翻出来，然后她们一起给娃娃穿衣服。试了几次后，娃娃的衣服终于穿好了。

在这个案例中，当幼儿给娃娃穿衣服遇到困难时，教师没有立刻去帮幼儿解决，而是先询问幼儿，了解幼儿的需求。接着教师通过不断地反问，引导幼儿找出问题产生的原因，鼓励幼儿大胆尝试，学会解决问题的方法。

◎转一转，试一试。

当幼儿游戏遇到阻碍时，教师可通过描述所看到的场景，引导幼儿自主发现问题，带领幼儿到教室里转一转、试一试，寻找可以支持游戏继续开展的材料。

中班幼儿乐乐想用胶水将两个纸盘粘起来。他尝试了好多次都没有成功，便生气地将两个纸盘摔在了桌子上。老师看见后问：“乐乐，我看见你用胶水粘纸盘，怎么样？”乐乐说：“我想把两个纸盘用胶水粘起来，可是试了好几次，都没有成功。”老师说：“哦，你想将两个纸盘用胶水粘起来，可是试了好几次，都没有成功。”老师接着说：“你希望我怎么帮你呢？”乐乐说：“我想试试其他办法。”然后，老师带着乐乐在教室里转一转、看一看。最后乐乐选择了双面胶、剪刀，成功将两个纸盘粘了起来。

在这个案例中，幼儿解决问题的能力处于初级阶段，遇到问题会发泄情绪、放弃或进行无效尝试。这时教师适时介入，并运用描述、重复以及在教室里转一转、试一试等策略，帮助幼儿成功解决了问题。幼儿在教师的引导下，会不断尝试着去解决问题，获取成功经验之后，将更有信心去挑战复杂的问题。

◎给幼儿提供选择。

当幼儿无法自主解决问题时，教师可以提供几个方法让幼儿去选择。

大班幼儿乐乐在做牙齿模型。他先用红色泡泡泥做了牙床，再用白色泡泡泥做了两颗牙齿。当他把做好的牙齿放到牙床上后发现牙齿扁了，他又尝试用手捏了几次，可是越捏越扁。乐乐向老师求助：“老师，这个牙齿太软了，一粘上去就变形了。”老师问：“你希望我怎么帮你呢？”乐乐说：“我想换其他材料试一试。”老师拿出了硬纸板、坚果壳和皱纹纸让乐乐选择。乐乐想了想说：“我要用坚果壳。”然后乐乐尝试把坚果壳放到牙床上当牙齿。装好之后他兴奋地对老师说：“老师，我的牙齿模型做好了。”

在这个案例中，幼儿在制作牙齿模型时遇到困难后，向老师求助，教师通过询问并提供多项选择，帮助幼儿解决了问题。

◎做一半，留一半。

幼儿在游戏中遇到困难时，教师可以用游戏伙伴的身份参与到游戏中，帮助幼儿做一半，将容易成功的另一半留给幼儿完成。

中班幼儿沫沫拿了一盒水彩笔要进行涂色活动。她先拿出了一根红色水彩笔，然后准备把笔帽拧开，可是拧了半天都没有拧开。沫沫只好向老师求助。老师问："你是怎么拧的呢?"沫沫又像刚才那样尝试拧了几次，但还是拧不开。老师说："你希望我怎么帮你呢？"沫沫说："我拧了好几次都没有拧开。"老师帮她把水彩笔的笔帽先拧松了一点点，然后还给沫沫，对她说："你现在试一试能不能打开？"这一次沫沫轻松拧开了，于是她开心地回到座位上继续去涂色了。

在这个案例中，幼儿因拧不开笔帽而萌生了求助的念头。教师先是认可了她在尝试拧笔帽过程中的努力，然后询问幼儿需要什么帮助。接着教师将笔帽拧松了一点点，运用了做一半留一半的策略，把容易拧开的步骤留给了幼儿，让她再次尝试去拧笔帽。最后幼儿成功拧开了笔帽，体验到了成功解决问题的快乐。

◎为幼儿提示早期经验。

教师还可以帮助幼儿回忆早期经验，找到解决问题的关键。

中班幼儿依依在积木区搭建大桥时，出现了问题——桥面一端高一端低。依依便跑到老师跟前说："老师，你看我的桥怎么也搭不平，怎么回事啊?"老师提示依依："上次我们观看了立交桥的视频，立交桥的桥墩有什么特点?"依依想了想说："我记得那个立交桥的桥墩一样粗、一样高。"老师接着说："那你再看看你搭的桥有什么不一样呢?"依依仔细观察，发现自己搭桥墩用的积木一个高一个低，于是她换了几个一样高的积木，桥面的两端就平了。

在这个案例中，幼儿在搭建大桥时遇到桥面高低不平的问题。教师通过引导幼儿回忆之前观察到的立交桥的特点，帮助幼儿发现桥墩一样高、桥面才能平的知识经验。教师通过引导幼儿回忆早期经验，帮助幼儿找到解决同类问题的关键。

◎寻求同伴的帮助。

如果遇到问题时幼儿没有好的解决方法，教师可以提示幼儿用语言描述吸引同伴注意力的方法，向同伴求助。

大班幼儿毛豆今天的游戏计划是做戒指。毛豆拉着老师的手说："老师，我想做个戒指送给你！"毛豆拿了一包黄色的泡泡泥，然后看了看老师的手，接着便揪了一块泥熟练地搓了起来。不一会儿她就搓了一个小长条出来。她把长条两端接在一起，然后在老师的手指上比了比，结果大了好多。她尝试把小长条截短，然后重新接好。这次她又试了试，可是戒指又小了一些。毛豆显得有点失落，伤心地对老师说："老师，我做的戒指大小不合适，怎么办呢？"老师走到毛豆面前说："哦，毛豆给老师做的戒指大小不合适，怎么办呢？"这时在一旁的多米走了过来说："你可以去家庭区找把尺子量一量老师的手指！"毛豆想了想说："那好吧，我去试试！"于是她找来了一把软尺，在老师手指上转圈量了量，然后重新搓了一个长条，又用软尺量了量，确定好了长度，做好了戒指，接着把戒指接好在老师手上试了试。这次果真成功了。毛豆和多米又在戒指上安了一颗"大钻石"，然后高兴地把戒指送给了老师。

在这个案例中，幼儿做的戒指大小不合适时，解决问题的学习机会也随之而来了。在发现搓成的长条太长之后，幼儿先尝试把泥变短，但没有成功，于是向教师寻求帮助。这时教师重复了幼儿遇到的问题，吸引了旁边同伴的关注，并获得了同伴的建议。幼儿尝试了同伴的方法，取得了成功，并引发了继续创作的兴趣。可见幼儿会发现同伴之间是可以互相学习、互相帮助的。幼儿有了成功的体验、增强了自信心后，在以后的游戏活动中也能积极面对挑战，积累更多的学习经验。

在"幼儿在前，教师在后"的理念指导下，教师学会了运用多种策略帮助幼儿识别问题，支持幼儿习得方法，使幼儿逐渐成为问题解决者。

大班幼儿彤彤今天的计划是给纸偶娃娃做卷发。她用白色的纸卷了一个纸筒当娃娃的身体，又用水彩笔给娃娃画上了眼睛、鼻子和嘴巴，最后撕了一些纸条给娃娃做头发。她尝试把"头发"弄卷，可是"头发"刚刚卷好就松开了。彤彤试了几次都没有成功，显得有些不耐烦了。

老师看到后问彤彤："你怎么了？"彤彤有些沮丧和失落地说："老师，我想给娃娃做卷发，可是纸怎么也卷不起来。怎么办啊？"老师说："你想把头发卷起来，可是怎么也卷不起来。你希望我怎么帮你呢？"彤彤说："我想试试有没有其他的办法。”于是老师带着彤彤在教室里走走转转，寻找可以帮助她的物品。彤彤发现了一根铅笔，她小心翼翼地把纸条卷到铅笔上，试了几次“头发”还是会松开。这时彤彤向老师求助：“我把头发卷好了，可是怎么一会儿就松开了呢?”老师大声说:“彤彤给娃娃卷的头发怎么一卷就松了呢?”这时同在艺术区的宝儿听见老师的话走了过来。宝儿说：“我记得我妈妈有一次去理发店烫头发，理发师用皮筋把发卷绑起来，过一会儿后头发就变卷了。我们可以拿艺术区里的毛根把纸条绑起来。”宝儿拿了几条毛根，和彤彤一起合作把“头发”绑起来。等了一会儿，她俩把毛根取下来，发现“头发”已经卷好了，便继续高兴地玩游戏。

在上述案例中，教师能够运用多种策略支持幼儿游戏，师幼互动的模式已经在区域游戏中建立起来。教师在看到幼儿遇到问题时已经能够管住自己的嘴和手，能仔细认真地观察，静待花开。在幼儿开始尝试解决问题时，教师没有急于给予幼儿帮助，而是在等待适当的时机。当幼儿在尝试时表现出烦躁、不耐烦等情绪时，这便是教师介入的适当时刻。

6. 提升幼儿冲突解决能力的策略

在游戏中，幼儿之间时常发生冲突。借鉴高宽课程中的冲突解决方法，主动性区域游戏中强调让幼儿亲身参与解决冲突的每一步，注重幼儿参与解决冲突的过程，让幼儿学习自己解决冲突。

(1) 收集信息。当幼儿之间发生冲突后，教师应该蹲下身子，然后选择一种让幼儿感觉到安全的姿态，例如轻轻地抚摸幼儿或是拉着他们的小手，用温和的语言回应幼儿，让他们感觉到可以信任教师，并愿意与教师进行更深层次的交流，能够把感情充分表达出来。幼儿感觉自己的情绪被教师接受和认可的标志是停止哭闹、身体放松、语调降低。随着幼儿的情绪逐渐稳定，教师继续通过询问“发生了什么事情”或者“问题是什么”来收集信息。在幼儿陈述问题时，教师要认真聆听并给予回应，这样才能获得幼儿的信任，愿意继续说出问题。受语言表达能力的限制，幼儿有时不能很好地陈述问题，此时教师要耐心倾听，这样才能让幼儿感觉到气氛是舒缓、宁静的，才会愿意继续陈述问题。

（2）识别问题。教师首先通过询问幼儿来获得关于冲突的一些细节，接下来教师需要重述引起冲突的主要问题，用“所以这个问题是……”的句式，重述引发冲突的原因。当冲突的情境比较复杂时，教师可以用“让我来看看发生了什么事情，问题是……”的句式，进一步准确了解引起冲突的关键点。这样的询问可以让幼儿保持继续解决冲突的积极性。如果冲突涉及安全问题，如攻击性行为，教师在重述问题时就应该向幼儿强调这种做法是不安全的，需要用其他的方法来解决。

（3）解决方案。当幼儿发生冲突时，教师可以先用简单的提问来解决，例如“你们想怎样解决这个问题？你们有好的解决方法吗？”。在问题提出之后，幼儿会以自我为中心去思考问题。只要他们按照自己的想法去尝试，那就是他们自己解决冲突的起点。

教师可先征询一名幼儿的解决办法，例如“你准备用什么样的方法来解决问题？”，再征询另一名幼儿是否同意第一名幼儿的办法。如果另一名幼儿不同意，教师继续征询该幼儿的解决办法，鼓励其提出一个双方都同意的解决办法。如果两名幼儿都赞同一个解决方法，教师需要向每一名幼儿确定“这样解决，你同意吗？”。教师的处理会让幼儿觉得自己是问题的解决者。如果经过很长时间问题依然没有得到解决，教师可以给出时间限制，例如“午饭时间要到了，你们需要尽快讨论出一个方法或做出决定”。

当幼儿顺利解决冲突之后，教师需要进一步对幼儿的想法和努力给予支持，用具体形象的语言描述幼儿解决问题的过程，避免使用简单的表扬来认可幼儿的成功。例如教师可以说：“老师很高兴看见你们经过商量，解决了问题。你们想出了一起玩积木的方法，这样两个人合作搭建，也能更快地把作品搭好。”教师不要简单地说“你们真厉害！”。教师要帮助幼儿建立解决问题的信心，提高幼儿解决问题的技能，让幼儿在以后遇到同样的问题时能有勇气再次使用这些技能。

对于幼儿而言，教师正确的指导对其心理的健全和社会交往能力有着重要的作用。教师细致了解冲突，给出准确的应对策略，让幼儿亲身参与解决冲突的过程，能提升幼儿的同伴交往技能，同时促进幼儿的社会性良好发展。

在游戏时间，大班幼儿叮叮和特特在抢夺一个球。叮叮一边哭一边用手推开特特。老师先是制止了叮叮的行为，再拉着两个小朋友的手蹲下来，帮叮叮擦干眼泪，轻声问道："老师知道你们都很着急，能告诉老师发生什么事情了吗？"叮叮说："是我先拿到的球，特特抢我的球。"老师点了点头，转身看了看特特。特特抿了抿嘴巴，没有说话。叮叮准备再去抢球。老师再次制止了他的行为。这次教师把特特抱在怀里轻声问他："老师知道你也不开心，跟老师说说发生什么事了好吗？"特特点了点头说："我也想玩这个球。"老师听完之后说："我明白了，问题是叮叮先拿的球，特特也想玩这个球，所以你们发生了争吵。"老师接着说："那你们想怎么解决这个问题？"叮叮说："那里还有一个球，特特可以去拿那个球玩。"教师转身对特特说："你同意吗？"特特点了点头。老师对他们说："你们用再拿一个球的方法解决了问题，特别好。你们可以继续去玩了。"两个孩子又开心地一起去玩了。

从上述案例可以看出，在幼儿发生冲突时，教师没有立刻进行干预或者利用权威进行裁断，而是利用了语言引导把解决冲突的主动权交还给幼儿，给幼儿表达意图和想法的机会，并让幼儿不断去尝试解决冲突。在这个过程中，教师没有评判或者代替幼儿解决冲突，而是为幼儿创设了公正、客观的心理环境，使他们能够专注地回忆事情的整个经过，有机会说出遇到的问题，倾听同伴的言语，学习换位思考、理解问题。在此过程中，教师通过描述、重复幼儿所说的事情，帮助幼儿认清冲突产生的经过，发现矛盾所在，找到解决的方法。

通过不断观察和引导，在游戏中，幼儿主动解决问题和应对冲突的能力有了很大的提高，他们尝试与同伴协商解决问题、化解冲突。这也让教师看到了主动性区域游戏对于幼儿发展的价值和意义，它能够让幼儿在游戏中学会解决问题、化解冲突，体验自主解决问题的成就感。

（二）游戏后的评价

随着主动性区域游戏的不断深入开展，教师们给了幼儿更多自主游戏的空间和机会，游戏中呈现出越来越多主动学习的情景。针对不同年龄段幼儿的能力发展，教师开始采用科学的评价量表，在自主学习、解决问题、回顾总结、同伴交往、冲突解决、共情、自律、情绪管理、小肌肉运动、生活自理等方面，观察、记录幼儿的学习和探究，并且在幼儿需要的时候，给予适宜的支持策略，结合量表分析给予幼儿更全面的评价。

例如海森高《2—6 岁儿童发展微量表》中将幼儿的解决问题能力分为三个层次：幼儿遇到问题后选择放弃或无效尝试；幼儿遇到问题后，主动向他人求助；幼儿遇到问题后，独立成功解决。

以下分享一组关于幼儿解决问题能力的成长观察报告。

西铁二幼小二班天天个人成长报告

教师姓名：李老师	幼儿年龄：3 岁
报告日期：2017 年 11 月 21 日	
【解决问题】 成长记录：工作时间，天天在搭积木。积木倒下来，天天哭了，一边哭一边发脾气，还用脚蹬积木。	
成长解读：《指南》中社会领域人际交往目标 3. 幼儿具有自尊自信自主的表现（自己的事情自己做，不会的愿意学，主动承担任务，敢于尝试有难度的任务，遇到困难坚持，不轻易求助，不依赖别人）。该幼儿的解决问题能力处于第一阶段——幼儿遇到问题后选择放弃或无效尝试。	

西铁二幼中二班天天个人成长报告

教师姓名：李老师	幼儿年龄：4 岁
报告日期：2018 年 10 月 11 日	
【解决问题】 成长记录：工作时间，天天来到积木区搭了一座大桥。在搭建最后一个桥墩时，大桥出现了晃动。天天赶快用手扶住大桥，大声呼喊："乐乐，快来帮帮我，大桥要倒了！"	
成长解读：《指南》中社会领域人际交往目标 2. 能与同伴友好相处（与同伴协商，一起解决遇到的困难）。该幼儿的解决问题能力处于第二阶段——幼儿遇到问题后，主动向他人求助。	

西铁二幼中二班天天个人成长报告

教师姓名：李老师	幼儿年龄：5 岁
报告日期：2019 年 5 月 28 日	

【解决问题】	
成长记录：	工作时间，天天在积木区搭建一座高楼，但高楼搭好了却没有窗户。天天想了想，来到艺术区用水彩笔在纸上画了一个窗户并剪下来，最后用胶带贴在大楼上。
成长解读：	《指南》中社会领域人际交往目标 3. 幼儿具有自尊自信自主的表现（自己的事情自己做，不会的愿意学，主动承担任务，敢于尝试有难度的任务，遇到困难坚持，不轻易求助，不依赖别人）。该幼儿的解决问题能力处于第三阶段——幼儿遇到问题后，独立成功解决。

教师根据观察记录，对应量表等级，相对客观地了解幼儿现阶段的发展水平，给予支持幼儿能力提升的相应策略，使他们更有信心去挑战复杂的问题。家长也能从这些成长观察报告中发现孩子们各项能力的动态变化，助力教师更有效地与家长展开交流，家园携手，推动幼儿的发展和进步。

第三节 主动性区域游戏支持策略的理论依据

一、总结经验

主动性区域游戏深刻凸显了幼儿“主动学习”的特点，注重幼儿在游戏中的主体地位，使得幼儿在发现和思考中不断构建有意义的新经验。幼儿的游戏离不开成人的支持，成人要参与到游戏中，与他们讨论游戏。在幼儿游戏遇到困难时，成人应协助幼儿解决问题，并通过引导和鼓励扩展幼儿的知识经验。

主动性区域游戏摒弃了传统游戏活动对教师的定位。在主动性区域游戏中，教师是幼儿的“支持者”“倾听者”“引导者”，尊重幼儿的主动学习，给予幼儿足够的时间去发现问题、分析问题和尝试自己解决问题。师幼之间可以自由交流。教师鼓励幼儿主动探索，倾听幼儿的想法，辅助幼儿主动学习。教师在整个游戏过程中担任着幼儿与环境中的材料、人和事之间互动的桥梁。教师及时的激发、引导及协助，影响着幼儿游戏的效果。主动性区域游戏中，教师需要观察和等待，给予幼儿自由探索的机会。当幼儿难以解决问题时，教师需要给予幼儿协助，而不是直截了当地给出答案。在幼儿遇到问题和矛盾时，教师应适时给予幼儿支持与帮助。通过这个过程，幼儿会积极寻找解决问题的办法，表达他们的感受与想法，聆听他人的言语并做出选择。这个过程能使幼儿逐步提高解决问题的能力，幼儿之间也能互相信任、增进友谊。

（一）主动性区域游戏支持策略的特点

1. 游戏活动中体现教师的隐性指导

皮亚杰指出：“在游戏中，儿童是自我主宰世界。”在游戏活动中，如果教师的指导太突出，处于一种主导者、主持者、决策者的地位，会限制、影响幼儿的活动。同时，教师的隐性指导要适度。教师应为幼儿提供关爱的氛围，用语言和动作指导幼儿的游戏，满足幼儿的心理需求。给予幼儿适当的鼓励和支持也是推进游戏发展的重要手段。在幼儿游戏过程中，教师通过参与活动和细心观察获得准确的信息，及时有效地给出指导策略，做一个有心的观察者，支持幼儿的主动探究。

2. 游戏活动中体现教师的“退后”支持

在主动性区域游戏中，教师对幼儿的支持更像伴舞者，教师既应给予幼儿关注和有效的支持，又不主导幼儿的游戏，让幼儿充分地在游戏中交流和学习。当幼儿在主动探究游戏的过程中，出现游戏水平停滞不前、探索兴趣减弱、发生冲突矛盾时，教师需要在游戏中对幼儿进行观察与引导，尊重与理解幼儿，发挥幼儿的主观能动性，让其自主尝试解决问题。

（二）主动性区域游戏支持策略的原则

1. 支持幼儿主动学习

幼儿园要为幼儿提供健康、丰富的游戏，满足幼儿各方面的发展需求。幼儿在游戏中能获得知识和经验，教师则以支持者的角色为幼儿提供学习环境和机会，鼓励幼儿在游戏中尝试探索操作、与人合作、解决问题，激发幼儿培养自主学习的品质。在游戏中，教师与幼儿的关系是平等和谐的。在幼儿遇到困难时，教师要及时给予支持，以“朋友”的身份帮助幼儿，鼓励幼儿用不同的方法解决问题，促进幼儿提升解决问题的能力。

2．尊重幼儿的主体地位

在主动性区域游戏中，教师尊重幼儿的主体地位，把主动权、独立权交给幼儿，让幼儿自由、自主地游戏。教师要站在幼儿的立场上，以幼儿为出发点，整个游戏活动围绕幼儿进行。在游戏中，教师需要“被动些、迟疑些”，给幼儿更多的探索空间，让幼儿发展认真专注、不怕困难、敢于挑战、乐于创造等积极的学习品质。

二、理论支持

在研究主动性区域游戏支持策略的过程中，皮亚杰的建构主义理论、杜威的民主主义教育思想等教育理论为主动性区域游戏的指导策略奠定了基础。

（一）皮亚杰的建构主义理论

从皮亚杰的建构主义理论可知，教学活动是师幼共同参与、相互作用的过程。皮亚杰的实验研究以发展中的幼儿作为研究对象，潜心研究幼儿的学习过程，从中发现：学习不是由教师把知识简单地传递给幼儿，而是由幼儿自己建构知识的过程。幼儿不能一味地被动吸收，而应该主动建构知识。这种建构必须由幼儿自己完成。这就表明幼儿的学习不是被动地接受刺激，而是主动地选择与加工，是幼儿通过新旧知识经验之间的相互作用过程而建构的。教师需要准确把握幼儿的认知水平和精神状态，认真倾听他们的观点与想法，充分尊重他们的意见和看法，耐心地与幼儿共同探讨问题，平等地交流沟通，了解幼儿的真实想法，及时调整活动设计，把幼儿原有的知识与经验作为新知识的生长点，帮助幼儿重新建构知识。

（二）杜威的民主主义教育思想

杜威的民主主义教育思想认为，实施游戏活动时，教师应尊重幼儿的主体地位，重视幼儿的天性，不能用外在的、强加的手段和措施强迫他们接受教育。幼儿应该是活动的主体，整个活动应该以幼儿的发展为中心，不应因教师的想法而改变。教师要做幼儿学习的支持者，利用适当的教育策略使幼儿的个性或本能得到更全面的发展。教师作为知识的传播者，在教育活动中占有主导地位，但不能利用权威来强迫幼儿学习，而应该通过了解幼儿的已有经验，来为幼儿提供适时的支持，促进幼儿学习，发展幼儿的个性。在此过程中，教师要为幼儿创设和谐、温馨的游戏环境，采用智慧的引导策略来使幼儿保持对学习和探索的兴趣，让幼儿自由探索、大胆尝试，体验信任与理解，培养动手操作能力，提升社交交往能力。

案例分享

车厢的诞生

在混龄班的区域游戏活动中，孩子们对搭建活动兴趣浓厚，喜欢在自己搭建的场景中进行角色扮演游戏。

◎借积木

新一天的区域活动在孩子们的欢声笑语中开始了。天天（5岁）带着两个弟弟先去美工区画图纸，然后拿着画好的设计图到积木区去搭建。他们搭到一半时，积木不够用了，天天便跑去找老师（见图4-1）：“老师，我的高铁还没有搭完，积木没有了，怎么办呢？”

老师复述道：“哦，你的高铁还没有搭建完成，可是积木已经用完了，是吗？”

天天说：“对，就是这样。”

老师问：“你希望我怎么帮你呢？”

天天说：“我想试试其他办法。”

老师便带着天天在教室里转了一圈，但天天还是没有找到合适的材料。天天说：“老师，教室里找不到合适的材料啊！”

老师说：“哦，教室里没有合适的材料呀，那怎么办呢？”

天天说：“我记得隔壁班上有很多大积木，我想过去借一些来搭建。”

老师说：“这个主意很好！”于是天

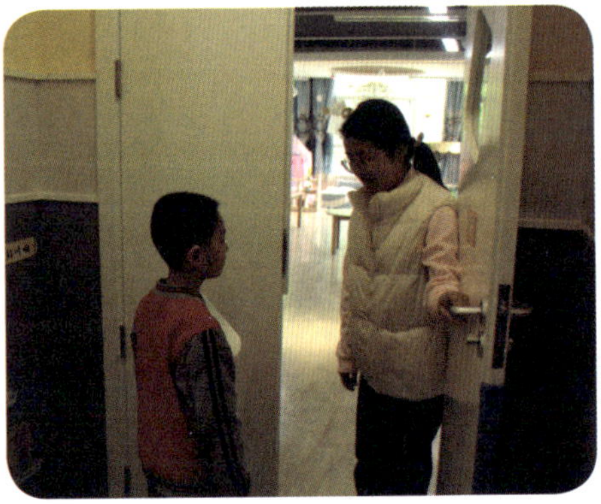

图4-1 沟通

天去隔壁班上借了积木（见图4-2）。第一次的搭建游戏圆满成功。

在本次搭建高铁的过程中，孩子们遇到了搭建材料不够用的问题。教师使用转一转、试一试的策略让孩子们从寻找材料入手来解决问题。通过重复幼儿的言语，教师鼓励幼儿大胆表达自己的意图。

图4-2　借积木

◎车厢升级

因为昨天的成功经历，第二天早上晨谈时，小朋友们又开始讨论搭建高铁的话题（见图4-3）。

豆豆说："咱们今天继续搭建高铁吧！"香香说："我们搭得太慢了，昨天搭好后都没时间玩。"几个人都点点头。

天天说："我们教室的积木不够用，每次去隔壁班上借积木、还积木都很浪费时间。""那怎么办呢？"豆豆说。孩子们纷纷把目光投向老师。

这时老师说："高铁搭建得太慢了，都没有时间玩角色游戏了，怎么办呢？"一时间孩子们陷入了困境。老师接着说："我记得我们上次玩'飞机之家'游戏时，也遇到了搭建机场时间太长、没有时间玩游戏的情况，你们是怎么解决的呢？"

这时瑞瑞突然说："我们后来搭建了一个飞机场，在区域游戏时间可以直接用来玩游戏！"

众众说："那我们就来做一个高铁车厢吧，以后就可以直接玩了。"

香香说："我们用什么来做高铁车厢呢？"

众众说："上一次我们用纸箱做的飞机场，特别结实。这次我们也用纸箱吧！"

图4-3　讨论

香香说："可是纸箱太短了呀，高铁车厢是长长的，要能让大家都坐进去。"

天天说："老师，我们想做一个高铁车厢，可是不知道用什么做？"

老师建议小朋友们在教室里寻找可以使用的材料。

天天首先发现了 KT 板，他叫来其他小朋友一起看。大家觉得 KT 板很适合做高铁车厢，但是他们却面面相觑、无从下手。

香香对老师说："老师，这个有些难，我们不会做。"

老师接着问："那你希望我怎么帮你呢？"这时旁边的米乐说："我们可以找一张高铁车厢图片照着做呀。"

老师重复道："哦，找一张高铁车厢图片照着做啊！"

随后老师帮助孩子们找来了高铁车厢的图片。孩子们拿来了美工刀和铅笔等工具，制作高铁车厢的活动就此开始了。

天天说："先把尖尖的车头做出来，再给车身凿出门窗，最后涂色就好了。"老师帮助幼儿一起刻出高铁车厢的主体形状，然后孩子们用颜料给高铁车厢涂上颜色（见图 4-4），有的孩子还用线条和图案给车厢进行了装饰。

高铁车厢制作完成了，孩子们用设计好的新车厢进行角色扮演游戏，吸引了许多平时不经常来积木区的孩子。他们兴趣盎然，欢笑声充满了整个教室！

在本次制作高铁车厢的过程中，当孩子们遇到问题时，教师帮助孩子们回忆以前解决问题的经验，帮助幼儿解决了问题。教师还通过重复他们的话帮助他们厘清了思路。在设计车厢时，遇到他们无法独立操作的部分，教师选择做一半、留一半的策略，大部分工作由孩子们合作完成。在保证游戏体验的基础上，这样做节省了搭建时间，为之后进行角色游戏预留了游戏时间。整个游戏活动中，由"想"到"做"都是以幼儿为主。在教师的支持下，

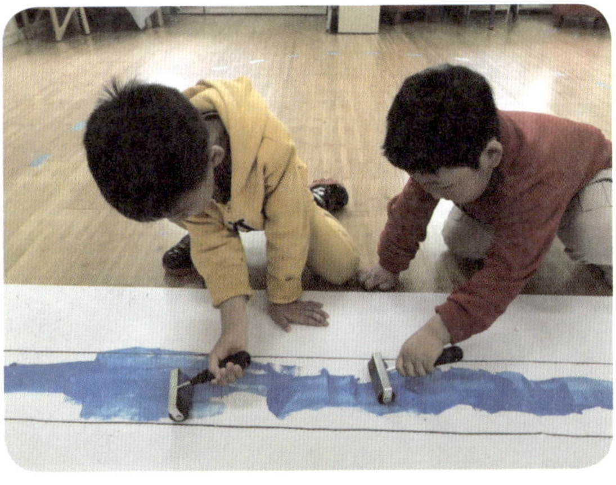

图 4-4　给车厢涂色

幼儿在游戏中发展了解决问题的能力，也获得了游戏的快乐。

不一样的嘟嘟

小班幼儿嘟嘟经常爱说的一句话就是“老师，我不会……”。无论是在生活环节还是区域游戏、户外活动中，大家都能听到他挂在嘴边的这句话。经过和嘟嘟家长的交流，教师了解到家里老人从小比较溺爱孩子，对嘟嘟的日常生活包办代替过多；嘟嘟从小缺少解决问题的机会，长此以往对成人产生了很强的依赖心理，遇到问题就会去求助。

◎还是我来吧

有一天午休时，孩子们一个个都上了床。这个时候嘟嘟将他的外套递给教师说：“老师，我不会叠衣服。”就在昨天，他也对教师说了同样的话。考虑到小班孩子年龄小、动手能力差，昨天教师一边帮他叠衣服，一边一步步示范解说。

教师忍住了想帮他的冲动，说：“那我要怎么帮你呢？”

嘟嘟说：“你把袖子都折起来，把它叠好。”

“哦，原来是把袖子折起来就能叠好。”说着教师把两个袖子往中间一拢。

“老师，不对，是这样折袖子的。”说着他做了一个抱臂的动作。根据他的“提醒”，教师把袖子折好了。

“老师，等等，你还没有把拉链对齐呢，这样叠出来不整齐。”

“对，在抱臂之前要先把拉链对齐。”教师一边说着一边按步骤叠着，“那接下来怎么做呢？”

“再弯弯腰，把它折下去，就好了。”看着教师笨手笨脚地“弯腰”，嘟嘟终于忍不住了，说：“还是我来吧！”说着他完成了最后一步（见图4-5），心满意足地把外套放好，盖上被子睡觉了。

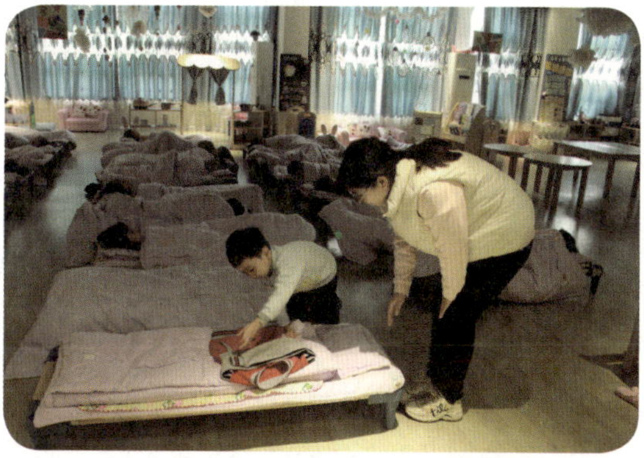

图4-5　叠衣服

小班的嘟嘟自我服务能力较

弱，所以教师使用询问幼儿意图、复述幼儿的话等策略来支持幼儿解决问题。在整个过程中，教师通过不停地重述帮幼儿厘清叠衣服的步骤，使幼儿建立了自我服务意识。

◎没主意的嘟嘟

区域游戏活动开始了，孩子们有的在做计划，有的已经进入游戏了。

“嘟嘟，你今天的计划是做什么呢?”教师问他（见图4-6）。

嘟嘟说：“我不知道。”

教师继续问：“那你有没有什么想玩的？跟老师一起去教室里转一转、看一看吧！”

他点点头，和教师在教室走了一圈，最后在家庭区停下了脚步。

图4-6　没主意的嘟嘟

教师问他：“嘟嘟，你是想去家庭区吗?”

他点点头。

教师继续问：“那你想玩什么呢?”

嘟嘟说：“当厨师，去做点好吃的。”

教师问：“那你要做什么呢?”

他想了想说：“做比萨。”

“那你想做什么样的比萨?”

嘟嘟说：“烤肉味的。”

“那你都需要什么材料呢?”

嘟嘟说：“面团、蔬菜、烤肉、番茄酱。”

教师说：“今天嘟嘟想当厨师，做一个美味的比萨，会把蔬菜、烤肉、番茄酱放在面团上，放进烤箱里烤熟，是吗?”

嘟嘟说：“对。”

说完嘟嘟开心地进入了家庭区开始了他的游戏。

今天嘟嘟遇到的问题，是不会做计划，不知道自己想玩什么。教师带着他转一转、看一看，使孩子清楚教室里有什么材料，为他做计划做好铺垫，并运用重述、重构的策略，帮助嘟嘟把游戏意图表述清楚。

◎缝隙里的面粉

区域游戏时间即将结束，家庭区的孩子们正在有条不紊地进行整理工作。嘟嘟拿着抹布仔细地擦着桌子上的面粉（见图 4-7）。把大部分面粉擦干净了之后，他发现桌缝间凹下去的地方怎么也擦不到。这时他跑来对教师说："老师，这里我擦不干净，你能帮帮我吗？"

图 4–7　嘟嘟擦桌子

教师大声说："嘟嘟擦不到桌子缝隙里的面粉，怎么办呢？"

听完教师的话后，一旁正在收拾锅碗的格格走了过来。她看了看桌缝里的面粉，拿起抹布尝试擦了一下，发现擦不掉（见图 4-8）。

嘟嘟对她说："我刚擦了很久呢，就是擦不掉。怎么办呢？"

格格停下来想了想说："我们把桌子拉开，也许就能擦干净了！"

嘟嘟采纳了格格的办法。两个人合作，一起拉开了桌子（见图 4-9）。最后嘟嘟擦干净了桌缝里的面粉。

图 4–8　擦掉缝隙里的面粉

此次整理过程中，嘟嘟遇到的问题反而给了他主动学习的机会。他几次尝试擦掉缝隙中的面粉都没有成功。教师帮助幼儿识别问题后，重复了幼儿的问题，吸引了同伴的关注，提供了同伴合作学习的机会，最终成功解决了问题。

◎小蜗牛的家

今天我们一起用泡泡泥制作小蜗牛，所有孩子都在认真地做着手工。个别孩子在制作过程中出现了问题，教师便将制作的方法展示给他们，他们则开始在座位上尝试。

这时嘟嘟走了过来，他将手中的泡泡泥长条递给教师说："老师，我搓不好，你帮帮我。"

图 4–9　拉开桌子

同样，教师将搓的技巧展示给了他，并对他说："你试试看。"这回他没有再说话，拿着泡泡泥回到座位上开始搓泡泡泥长条（见图 4-10）。

图 4–10　搓泡泡泥

嘟嘟搓了一个长条，然后又问教师："老师，那我怎么把长条变成蜗牛壳呢？"

教师轻轻地蹲下来，拿着长条的一端卷了一圈后对嘟嘟说："就像这样，一点一点把它卷起来就变成蜗牛的壳了。"

过了一会儿他又走过来说："老师，我不会做蜗牛的眼睛。"

看着他手中的"蜗牛"，教师马上鼓励他："你看，这已经很不错了。中间的蜗牛壳已经盘好了，再搓两个小圆球当蜗牛的眼睛。"

嘟嘟仔细地搓好两个小圆球，把它粘到了蜗牛壳上，完成了蜗牛的制作（见图 4-11）。他欣喜地对同伴说："看我的小蜗牛，多漂亮。"

当孩子感到制作蜗牛有困难时，教师使用了做一半、留一半的策略，解决制作困难的部分，容易成功的步骤则留给幼儿完成，帮助幼儿完成蜗牛壳的制作。这样做既解决了孩子眼前的困难，又能让孩子有挑战成功的自豪感。孩子们在游戏中

图 4-11　嘟嘟的蜗牛做好了

体验到了成功的乐趣，以后遇见困难时，会更愿意自主解决问题。

聪聪成长小故事

聪聪（4 岁）语言发展能力较好，在混龄班里时常与同伴发生冲突，有抢夺东西的行为，也不愿意接受他人的建议，人际交往能力需要提升。

◎双面胶的风波

区域游戏时间，安安（5 岁）在艺术区用双面胶粘她的手工小包，这时聪聪也需要用双面胶粘东西，她一把抢过了安安手里的双面胶（见图 4-12），开始粘自己的东西。安安在旁边等了好一会儿，聪聪依然拿着双面胶没有归还。安安说："你用完了，该给我用了吧？"聪聪低头不语，继续玩着双面胶。这时候安安走过来找到教师，说了事情的经过。

教师带着安安走到聪聪身边，拉着两人的手问："我想听听到底发生了什么事情，你们能说说吗？"

安安开口说："老师，我刚才正在用双面胶粘我的小包，我还没用完，聪聪就把双面胶抢走了。她都用完了，还不还给我。"

图 4-12　抢双面胶

聪聪说："我还没用完呢。"

教师说："所以现在的问题是，安安需要用双面胶粘她的小包，聪聪也需要用双面胶去粘东西，那现在怎么办呢？"

安安提议说："我先用，用完之后

给她。”

教师对聪聪说：“安安说她先用，然后再给你好吗？”聪聪摇头表示不同意。

教师继续问：“你不同意吗？那你想怎么办呢？”

聪聪说：“我先用，再给她。”

教师转身继续问安安：“聪聪说她先用，再给你好吗？”安安也摇摇头。

一时间两个人又默不作声了。看着她们又陷入了困境，教师接着说：“那要怎么办呢？你们想一想还有什么办法吗？”

安安想了一会儿说：“那我去艺术区再找一个双面胶。”

听到安安的话，聪聪飞快地跑去艺术区，大声地对教师说：“老师，你看我找到了。”（见图4-13。）找到了材料的小朋友，心满意足地继续去玩游戏了。

图4-13　找到另一个双面胶了

刚升中班的聪聪时常会以自我为中心，遇到矛盾或者问题时，经常会用抢、夺等行为来满足自己的需求。教师为了提升幼儿应对冲突的能力，采取了冲突解决策略三步走：首先，稳定幼儿的情绪，收集信息；其次，重复幼儿的话来帮助幼儿找出发生冲突的关键点；最后，支持幼儿提出的解决方案，直到双方达成共识，最终顺利解决了冲突。

◎争抢小熊椅子

区域游戏时间，原本平静的教室里突然传来了两个孩子的吵闹声。听到声音后，教师连忙走过去，看见聪聪（5岁）和糖糖（5岁）抓着一把小兔椅子不肯松手（见图4-14）。

图4-14　抢小兔椅子

糖糖说：“是我先看到的！”

聪聪说：“是我先看到的！”

图 4-15　老师协调

糖糖用手使劲一拉，把小兔椅子拉到了自己的身后，然后坐了上去。聪聪没有抢到椅子，坐在地上哭了起来。教师帮聪聪擦干眼泪，安抚道："聪聪别哭了，老师知道你很伤心。"接着教师拉着两个人的手（见图 4-15）说："谁能告诉我发生了什么事？"聪聪说："老师，我拿的小兔椅子，糖糖抢了我的椅子。"糖糖说："我也想坐！"听完她俩的话之后教师说："哦，老师知道了，所以问题是聪聪先拿到的小兔椅子，糖糖也想要小兔椅子，所以发生了争抢。"教师接着说："你们都想要小兔椅子，那你们想怎么解决这个问题？"

聪聪想了一会儿对糖糖说："好吧，那你坐吧，我再去拿一把椅子。"说完聪聪重新拿了一把椅子，把小兔椅子让给了糖糖。

在回顾时间，教师说："今天老师发现有两位小朋友都想坐小兔椅子，最后他们用了一个好办法来解决问题。现在我想请聪聪来讲讲她是怎么解决的？"之后聪聪与大家分享了今天发生的事情。

我们可以看到，聪聪在刚开始尝试用身体动作来解决冲突无果后，能主动向成人求助，表示她的冲突解决能力已经提升了，但同时也反映了聪聪还未完全掌握解决冲突的方法。教师在回顾环节，通过让幼儿描述矛盾发生的过程，提炼解决冲突的技巧，增强了幼儿解决冲突的意识。

◎谁来当小猫

新的一学期开始了，聪聪升入了大班，这天聪聪（6 岁）、糖糖（6 岁）和欣欣（6 岁）在家庭区进行游戏。她们把餐点摆放好后，就开始分配角色（见图 4-16）。

欣欣说："我来当姐姐，糖糖来当妹妹，聪聪来当小猫，我们请桃桃来作客吧！"

糖糖说："我不想当妹妹，我想当小猫。"

聪聪说：“我也想当小猫。”

糖糖说：“聪聪，我喜欢小猫，我先当。”

聪聪说：“那我也喜欢小猫，我也要当小猫。”说完两个人谁也没吭声了，各自扭过头去。

过了一会儿，聪聪转身来到糖糖面前说：“糖糖，那你先当小猫吧，过一会儿换我，好吗？”糖糖开心地点了点头，于是三个人开始了角色游戏（见图 4-17）。

本次解决冲突的过程中，聪聪能控制自己的情绪和行为，提出解决问题的办法，最终化解冲突，与他人友好地游戏。同时，聪聪也在使用和积累新经验的过程中，逐渐形成良好的同伴交往习惯，最终顺利化解矛盾。显然，聪聪的社会交往能力又有所提升了。

图 4-16 小朋友分配角色

图 4-17 玩角色游戏的三个小朋友

汽车的秘密

新学期开始了，老师给大班的玩具区投放了各种各样的小汽车。孩子们很喜欢去玩具区玩汽车游戏，也发现了很多关于汽车的“秘密”。

◎谁跑得快

区域游戏时间，周周来到玩具区想要玩汽车坡道游戏。她用积木搭建了一个坡道，拿了一辆红色的小汽车。她把小汽车放到坡道的顶端，汽车便迅速从坡顶滑到了地面上。之后周周又拿了一辆蓝色的小汽车，同样把小汽车放到坡道的顶端，这次小汽车依然快速地滑到了地面上。周周反复玩了几次后说："红色的汽车跑得快。"这时在一旁的洋洋说："明明是蓝色的小汽车跑得快。"就这样周周和洋洋发生了争执，她们各执己见。在一旁的老师看到了整个过程之后，走到玩具区，拿了两辆相同的小汽车，把它们同时放到坡道起点，两辆小汽车都快速往下滑（见图4-18）。

图4-18　老师示范

图4-19　小朋友玩汽车

在一旁的周周和洋洋看见了老师的玩法后，不再争辩，也把两辆小汽车同时放到起点上，然后松手去观察两辆小汽车的下滑速度（见图4-19）。

当教师发现幼儿对某一现象产生分歧时，使用了平行游戏的策略，准备同样的材料，在孩子的旁边做示范，引导幼儿通过观察、操作等方法，尝试解决问题，帮助孩子提升游戏水平。为了尊重并支持幼儿的探究，教师还可以投放不同类型的汽车、不同材质的坡道等材料支持幼儿展开进一步的探究。

◎你猜我猜

第二天，周周约好和小朋友们一起玩赛车游戏。她从玩具筐里选择了一辆红色的大越野车（见图4-20）。她说："这辆车很大，它一定跑得很快。"

图4-20　周周找到了大越野车

这时教师在旁边问小朋友们："你们猜猜谁的车会跑得比较快？"洋洋说："我的快，我都已经试了好多次了。"可是比赛结果却不如洋洋所料。几场比赛下来，洋洋的小汽车都没有赢。这时的她显得有些气馁，一边摆弄手里的汽车，一边小声嘀咕着：“为什么你跑不快了？”周周说：“我的越野车轮子比较大，所以跑得快。”

听到周周的话之后，洋洋也去玩具区找了一辆大轮子的汽车。洋洋对周周说：“我们再比一次，这次我一定能赢。”于是两个小朋友把汽车放到坡道起点，再次比赛，可是洋洋还是输了。洋洋一脸疑惑地问：“为什么呀？我的车轮和周周的车的车轮一样大，怎么还是跑得慢呢？”这时教师大声重复道：“怎么回事呀？洋洋和周周的小汽车的轮子一样大，为什么洋洋的车跑得慢呢？”教师的声音吸引了几个小朋友的围观，大家一起观察两辆小汽车，去寻找它们的不同。这时一旁的乐乐发现周周的小汽车比洋洋的小汽车重，于是洋洋也抱起周周的车（见图 4-21），掂了掂说：“我知道了，你的汽车又大又重，所以跑得快。我也要选一辆这样的车。”

图 4-21　洋洋抱起了周周的车

于是洋洋选了一辆更重的小汽车，再次进行比赛，这次洋洋的小汽车果然跑得最快。洋洋高兴地说：“这次我的小汽车跑得最快。”

教师可以通过观察幼儿的行为，倾听幼儿和同伴间的交谈，全面了解幼儿的发展状况。通过与幼儿的交谈或询问等方式向幼儿提出问题：“猜猜哪辆车跑得快？”幼儿猜想的过程就是他们预测的过程。当幼儿进行探究游戏时，教师要做有心的“旁观者”，在支持幼儿实现游戏意图的基础上，让幼儿运用“寻求同伴的帮助”策略完成了实验，获得了成功的体验。幼儿的探索欲望就此被激发，探究的能力也获得了提升。

◎坡度实验

在进行了几次游戏之后，周周和小朋友们又发现，同样的汽车在不同坡度的跑道上下滑的速度不同。她们搭建了三个不同坡度的跑道，选了三辆一样的小汽

图 4-22　三个不同坡度的跑道

车放到跑道起点位置（见图 4-22）。周周说："我猜这个跑道最陡，汽车跑的速度最快。"于是她们同时松手，小汽车顺着跑道开始下滑，果真周周手上的小汽车最快冲了下去。周周兴奋地对大家说："快看，汽车在这个跑道上跑得最快。"周周的声音吸引来了洋洋和其他几个小伙伴，大家纷纷都把自己的小汽车放在最陡的跑道上试了试，果然汽车的下滑速度很快。

比赛之后小朋友们制作了记录表，在教师的帮助下借助秒表观察不同坡度的跑道上小汽车下滑所用的时间，并进行记录。游戏全部结束之后，小朋友们根据自己的观察和记录发现，坡度越陡，汽车滑下跑道的用时越短；坡度越缓，汽车滑下跑道的用时越长。

这一阶段的幼儿已经能提出问题并进行验证。在此过程中，教师支持并帮助幼儿完成了实验、验证了自己的猜测，让幼儿在积极愉悦的情绪体验中解决了问题。可以看到，幼儿的科学探究能力和实验学习品质进一步获得了提升。

从"怪兽"到"船员"

中班幼儿小明（5 岁）活泼开朗，喜欢恐龙、车、飞机等机械性玩具。小明做事情专注力不强，经常在区域游戏时间漫无目的地游离在各区之间。因为人际交往能力偏弱，他有时会强行加入别人的游戏，有时会在游戏中与同伴发生冲突，因此经常引发同伴的不满。

◎吊杠游戏

户外活动时间，小朋友们正在排队玩吊杠游戏，他们需要双手交替握住栏杆向前移动。游戏规则是完成挑战的人要去队尾继续排队，进行下一轮挑战。小朋友们表现得都很不错，能双手协调有力地完成交替前行。轮到小明挑战了，他小心翼翼地握住栏杆向前移动，最后成功到达终点。但他没有去队尾排队，而是站在原地，看着琳琳向前移动。琳琳挑战到一半时，有些坚持不住了，这时小明伸手去拉她，结果琳琳掉了下来。琳琳很生气地和小明吵了几句后走了（见图4-23）。

图4-23 小明把琳琳气走了

◎盥洗室里的风波

在盥洗室里小朋友们一边洗手一边讨论着今日的户外活动。小明刚开始只是在一边听着大家的讨论，当大家说到吊杠游戏时，小明的兴趣被激发起来，他也想加入大家的讨论，但并没有人听他讲。于是他撩水洒向了其他小朋友，想引起他们的注意。有人便去找教师："老师，小明把水洒了我一身……"

◎艺术区里的误会

区域游戏时间，小咪在艺术区制作贺卡，小明一直在旁边看着她。忽然小咪哭着走来对教师说："老师，我正在做贺卡呢，小明把我的订书机拿走了。"（见图4-24。）教师叫来小明询问他为什么要拿走订书机。小明委屈地说："我想跟小咪一起做贺卡。她按不动订书机，我想帮帮她。"

图4-24 小明把小咪气哭了

从上面几个小案例中不难发现，小明的社会交往能力和解决问题能力较差，在与小朋友交往的过程中出现了各种各样的问题，甚至会有一些伤害到他人的行为。作为教师，应该如何支持小明提高社会交往能力和自主解决问题的能力呢？一次偶然的机会，给教师提供了一个良好的教育契机。

这天小朋友们在积木区搭建了一艘大船，大船结构复杂、功能齐全。搭建完成之后，几个小朋友开始协商分配角色。

泽泽说："我是船长！"他指着鑫鹏说："你是副船长！"紧接着他又强调，一艘船只能有两个船长，其他人都是船员。他和鑫鹏在船头玩起了开船游戏。

小雨、香香、芸芸三个女孩子在船尾玩"巴拉巴拉小魔仙"游戏，她们反复练习小魔仙的手势动作，玩得很开心。豆豆拿着插塑玩具拼了一把"枪"，然后在大船旁边走来走去。这时小明来到了大船边，他发出吼叫的声音，然后走上了大船。他的举动一下子吸引了小伙伴们的注意。三个女孩子被吓得躲闪起来，嘴里念叨着："有海盗，有海盗，快来人啊！"这时副船长鑫鹏来到了小明身旁，豆豆也立刻用自己的"枪"对着小明。

图 4-25　被排斥的小明

过了一会儿小明又走上了大船，女孩子都不敢靠近他，紧接着其他小朋友也对着小明做出打枪的动作（见图 4-25），小明只好离开了。

看到小明很难融入小朋友们的游戏，教师虽然有些担心，但没有立刻去干预他们的游戏，而是继续在一旁观察。又过了一会儿，小明第三次来到大船跟前，船里的小朋友们迅速冲出去，小明又赶紧离开了。

图 4-26　老师询问原因

教师看到小明有几次悄悄走到大船里，从上面拿走积木。教师很想了解小明的内心想法，于是教师拉着小明的手（见图 4-26）问："小明，老师看到你好几次来到大船的旁边，你是想和小朋友们一起游戏吗？"小明看着教师点了点头。教师继续问："我看见你刚刚扮成海盗和小朋友们一起玩。你想当海盗还是船员呢？"他说："我也想当船员！”其实小明很想跟小朋友们一起游戏，但他不知道如何加入他们的游戏。

教师拉着小明的手对他说：“其实老师也很想当船员，我们一起去找他们吧！”说完教师和小明一起来到大船跟前，对船长泽泽说：“你们的游戏好有趣呀，我和小明能和你们一起玩吗?”泽泽大声说道：“不行不行，小明是海盗，小朋友们都怕他。”其他小朋友也连连摇头表示不同意。于是教师带着小明也用积木开始搭建一艘小船。在搭建过程中，旁边的船员也会时不时来帮助他们搭建，小明则高兴地给他们拿积木。就这样，小朋友们慢慢开始接纳小明，和小明一起搭建。小船搭建好了，小朋友们高兴得手舞足蹈。这时教师对小朋友们说：“小明很努力地搭建小船，看来他也很想和你们一起玩大船游戏。”(见图4-27。）听到教师的话之后，几个男孩子高高兴兴地邀请小明一起游戏。

图4-27　老师协调小明和其他男孩的矛盾

小明受到了成功的鼓舞，他走到船长泽泽面前说：“我不想当海盗了，我想当船员，和你们一起玩！”

泽泽点了点头说：“可以呀！”

这时副船长鑫鹏说：“你想当船员，得戴上牌子。”

豆豆拿来牌子戴在了小明的脖子上，对他说：“你现在也是船员了。”

因为刚刚经历了海盗游戏，女孩子依然有些害怕小明。她们躲在一旁，嘴里还念叨着：“你是海盗。”这时原本开心起来的小明，瞬间又有些沮丧了。教师走过去大声说道：“小明刚刚和小朋友们一起搭建了小船，他是一名很棒的船员哦！”听了教师的话之后，女孩子们的表情显得放松了很多。(见图4-28。)

之后教师带领小明一起找来了几个手电筒。教师把其中一个手电筒递给了香香，对她说：“天已经黑了，小心海盗会从四面八方攻击我们。我们需要用手电筒来照亮。”这个时候小明把剩下的两个手电筒也递给了小雨和芸芸（见图4-29）。

图 4-28 老师协调小明和女孩的矛盾

小雨对小明说："我们一起冒险吧！"说完小雨便拉着小明的手，走进了大船里。

船长小泽继续开船，三个女孩子用手电筒寻找海盗的踪迹。小明表示他会用枪，遇到危险能保护大家。孩子们玩得很开心……

图 4-29 和好了

在本次大船游戏中，当幼儿遇到问题时，教师没有急于给予帮助，而是在适当的时刻给幼儿示范介入语言，表达加入游戏的意图。在介入失败之后，教师和幼儿一起游戏，并在搭建过程中继续寻找适合的时机，让幼儿自然而然地加入游戏，获取了与同伴交往的成功经验。在教师的支持下，该幼儿学会了与同伴交往的方法，口语表达能力提升了，创造力和想象力也更丰富了，在游戏中获得了更多快乐的情感体验，其社会适应能力和交往能力也随着游戏的发展得以提升。

第五章

主动性游戏课程

> 课程不仅仅是“知识的积体”，技能知识、兴趣、道德、体力、风俗、礼节种种的经验，都包括在课程里。换一句话来说，课程是适应生长的有价值的材料。
>
> ——张雪门

随着研究的深入，主动性区域游戏实践在持续更新。通过主动性区域游戏，教师们顺应、推动幼儿产生的一次次生动、有趣的活动也蕴含着契机，引发教师们对课程深入思考。基于幼儿需求的课程就此出现。主动性游戏课程带来的改变激发了幼儿的学习兴趣，改变了幼儿的学习方式，挖掘了幼儿的学习潜能，为幼儿带来了愉悦的情感体验。主动性游戏课程极大地调动了教师的参与热情。教师在参与的过程中观察、反思、支持、调整、总结，不断提升教育理念、提高专业能力，与幼儿共同体验主动性游戏课程带来的成功与改变。

第一节　课程思考：主动性区域游戏的延伸

在主动性区域游戏实施过程中，我们借鉴了高宽课程和海森高教育模式，结合园所实践进行了主动性区域游戏课程实践，将主动学习理论运用在区域游戏之中。教师们掌握了计划、工作、整理、回顾的游戏组织形式，园所的主动性区域游戏获得改观，幼儿的游戏水平获得提高，幼儿的游戏观念发生转变。教师们每天都兴致十足地观察着主动性区域游戏里发生的有趣案例。在集体教研时，教师们争相分享着这些有趣的活动，并尝试用记录的方式，将幼儿主动学习的一些兴趣点记录下来。随着时间的推移，幼儿的兴趣点逐渐放射开来，形成了有趣的学习思维导图。教师们很想参与到幼儿的探究中去，但又存在一些困扰。有的老师问："这么有趣的游戏正在发生着，我们除了观察，还可以做点什么？"有的教师指出："孩子们由一个个兴趣点引发了持续较长时间的游戏，教师是否可以主动参与、积极支持？"有的教师认为："主动性区域游戏就是让幼儿实施自己的意图，就应该让幼儿自己开始、自己停止，教师只需要做旁观者。"还有的教师认为："教师应该在游戏课程中充当支持者、合作者、引导者的角色，在游戏过程中把握好提供支持的时机。"经过讨论，最终大家达成了共识，一致认为主动性区域游戏应基于幼儿的需求，一方面是幼儿的兴趣、能力方面的需求，另一方面则是幼儿全面发展的需求。在游戏中，教师认可幼儿的游戏方式，延伸幼儿的游戏内容，提供符合幼儿最近发展区的挑战，支持幼儿开展高质量的游戏。由此，我们尝试在游戏的实施过程中，捕捉课程生成契机。

大船出发

在混龄班区域游戏活动中，武老师观察到，几个大孩子喜欢搭建大船。基于对幼儿前期兴趣的观察，武老师投放了模型船、船的图片等，激发了幼儿的游戏兴趣。在当天的计划时间，大孩子们选择了搭建大船。他们拿着模型船进行积木搭建活动，开心地玩着游戏。小孩子们最初对搭建活动并不感兴趣，但看到搭建好的积木船后也迅速加入游戏，大船变得拥挤了。孩子们商讨调整大船结构，扩建船身，将长方形的船身搭建成两头尖尖的梭子形，这样大船可以容纳更多的孩子。大船搭建好了，大孩子争着当船长、船员。小孩子玩了一会儿后，显得无所事事，在大船周边转来转去。

教研时间，武老师与几位教师展开讨论：游戏中的小孩子兴趣持续时间短，是否可以尝试投入藏宝地图、望远镜、国旗、地球仪、方向盘、角色服装来让幼儿维持对游戏的兴趣呢?

第二天，孩子们发现了新的材料。大孩子通过协商，确定了谁来穿船长衣服。他们有了角色与分工。小孩子则发现了望远镜、国旗、地球仪。他们兴奋地拿着望远镜张望，拿着地球仪寻找航行路线。船长发出口令后，大船开始开往不同地方……大船时而航行，时而停在小岛上。一些孩子叫喊着说大船是探险船，另一些孩子叫喊着说大船是军舰。“船长”天天(5岁)说:“我们是军人，不能害怕海盗，要消灭他们。”他带领其他幼儿举起手指充当武器，嘴里发出枪炮的响声，藏在大船里发射炮弹。

武老师与几位老师继续展开讨论。教师们试图摸清幼儿下阶段的游戏意图，以准确提供支持。有的教师说:“幼儿感兴趣的可能是探险船。”有的教师说:“幼儿感兴趣的可能是军舰。”作为班主任的武老师建议:“是否可以向幼儿提供两类船的模型，以便幼儿清楚大船的功能，更加明确游戏意图?”教研组教师最终达成了一致。离园前，武老师将各种船的视频提供给幼儿观看，帮助幼儿了解各种船的内部结构。幼儿的兴趣点渐渐集中在军舰及武器装备方面。在后面的游戏中，有的幼儿和同伴讨论武器装备，修建“军舰”;有的幼儿去美术区画了“炮弹”;有的幼儿折了纸飞机，停在“军舰”的甲板上;还有的幼儿则用插塑片插了许多“手枪”，保护大家。

在这天的游戏中，大船每停一处，船员鹏鹏就用一根积木条在岛屿上探测“宝贝”。有几个孩子看到后，就一起玩寻宝游戏。教师们决定支持幼儿的寻宝游戏。在接下来的活动中，武老师讲解了藏宝图，还带幼儿在园内玩了定位寻宝游戏。幼儿通过观察图片及符号，寻找线索，猜测宝藏位置，玩得不亦乐乎。

结合幼儿的兴趣，武老师还组织了其他有趣的关于船的探究活动，活动持续了三周多……

在混龄班的游戏活动“大船出发”中，教师们非常敏锐地观察到幼儿的兴趣点，并准确地支持了幼儿游戏意图的延伸，将游戏的主动权交给幼儿。教师们顺势而为，用环境和材料帮助幼儿维持了对船的探究兴趣，让幼儿的区域游戏活动生动展现，帮助幼儿逐步建构了游戏活动路径。

通过主题活动“大船出发”游戏，幼儿观察了船的结构，讨论了船的功能，迁移了已有关于军舰的经验，拓展了航海知识，并与同伴共享经验，主动学习能力得到提升。幼儿在与同伴合作搭建、共同游戏的过程中提升了口语表达能力，获得了丰富的情感体验，促进了问题解决能力、合作能力的提升，形成了完整的主题活动经验。

教师在观察幼儿游戏的同时，提炼有价值的兴趣点，延伸幼儿的探究活动，拓展幼儿的思路，让幼儿在活动中自导自演，玩得不亦乐乎。在主动性区域游戏中，从交往技能、语言表达、动作思维各个方面，幼儿都获得了不同程度的发展。在游戏进行过程中，系统地、整合性地开展各领域的活动，可帮助幼儿将各类知识、经验进行横向连接，给幼儿留下深刻的体验和感受。随着主动性区域游戏的开展，领域之间、目标之间相互渗透和整合，同伴间形成兴趣小组，主动性游戏课程应运而生。教师们发现，主动性区域游戏所带来的生成活动打开了幼儿行动的思路，指引了课程的发展。教师们也从主动性区域游戏的实践中体会到，游戏不仅仅是游戏，更是课程的切入点，是一种自然的融合过程。教师们发现，虽然幼儿引发的生成活动非常有趣，但课程路径和思维导图却不容易把握，教师在与幼儿的互动中还显得有些被动。对于有效建构主动性游戏课程这个课题，教师们还须深入实践探索与研究。

第二节　思考：主动性游戏课程诞生

一、探究与学习

在建构主动性游戏课程的过程中，教研组教师通过学习进一步明确课程内涵，为组织实施课程做好准备。通过前期的书籍阅读，教研组教师增进了对课程的理解和认识。教研组还就此开展了多次讨论交流，对之前园所进行的课程和游戏，进行整理分析。

在我们之前的区域活动中，教师可依据不同年龄段幼儿的整体发展程度，以月为单位，设计区域活动内容，投放相应材料。教师更关注安全、常规内容，对区域游戏内涵的重视不够；区域活动内容与课程内容联系较少，学习活动、生活活动等环节相对独立。在整合课程引入后，各学科领域知识相互融合，区域游戏和课程之间有了依存关系。教师们设计教室环境和区域时会以主题活动的需求为原则，遵循主题整合的教育观念。主题活动引领下的区域活动仍然多以教师为主导，虽一定程度上激发了幼儿主动参与的兴趣，但幼儿的主体地位并未受到重视。区域材料创设依存于主题活动的进展，有时不能完全同步，有不同程度的超前或滞后，对区域活动效果有一定影响。

在主动性区域游戏理念影响下，教师们明确了主动学习精神在课程中的重要性，认识到幼儿园的课程要基于幼儿园的实际与发展，基于过去、现在与未来。遵循“自然习得、还原本真、尊重天性、舒展灵性”的办园理念，要构建与办园理念一致的课程体系，就一定要将课程落在幼儿的发展上，落到主动游戏精神上。教师们逐渐明确了割裂的课程和区域游戏都是违背幼儿身心发展规律的，而主动性区域游戏释放了幼儿的天性，促进了幼儿的全面发展。随着教育理念的提升，幼儿园课程游戏化必将深入影响我们的教育观。

二、尝试与改变

幼儿园课程要面向全体幼儿，促进幼儿的基本发展，贯穿于幼儿一日生活的方方面面，满足幼儿各阶段的需求，着眼于最基本的经验积累，使每个幼儿获得快乐的内在体验。我们看到在主动性游戏课程实践中，幼儿的认知、能力飞速发展，主观能动性得到最大限度的发挥。

在学习高宽课程的过程中，我们了解到幼儿能够合理地对一天中的任何一个部分做出选择，所以我们开始反思主动性区域游戏的实践是那么精彩，幼儿获得了很多发展，可是游戏结束后，幼儿的生活、学习为何故态复萌。如何将主动性区域游戏的精神落实到幼儿的一日生活中呢？教师们开始思考问题：幼儿园现行的作息能否再灵活一些？被一日作息分割开的生活、学习、户外怎样又有弹性又有自由度呢？现在在幼儿园的一日生活中，幼儿的主动学习精神仅仅体现在区域游戏时间，如何让幼儿的主动学习精神更多地融入幼儿的一日生活中？

（一）第一次尝试与改变

1.“以幼儿为本”的生活活动

教师习惯于运用提醒、组织、协调的方式，组织幼儿按照一个个既定环节，按部就班地去完成活动。当教师们一起尝试在生活环节很好地发挥幼儿的主动学习精神时，有的教师表现出乐于尝试的一面，有的教师对于改变表示出不信任及种种担心。

自助取餐

保教管理人员看到大班一个保育员让幼儿排队取餐。每个幼儿拿着餐盘走到配餐桌旁边，保育员用大勺将饭、菜打到幼儿餐盘中，幼儿一个接着一个地领餐……她制止了保育员的行为，并请保育员说出这样做的原因。保育员解释说这是自助取餐，在这个过程中锻炼了幼儿的手部肌肉和动作协调能力。她问保育员：“锻炼幼儿的这些能力是非常好的，但为什么取餐的过程中没有让幼儿自己往餐盘里盛饭菜呢！”保育员有所顾虑地说：“有些孩子吃得少，有些孩子吃得多，还有些孩子总是在盛饭菜时洒出来。”保教管理人员说：“让我们试着相信一次孩子。”于是，这个班级的幼儿开始自助取餐。最初有的孩子盛了很多饭，只盛了一点菜；有的孩子盛菜的过程中，将汤汁洒在了配餐桌子上；还有的孩子盛的饭菜适量，没有洒出来一点。在整个盛饭的过程中，教师们逐步引导，孩子们最终学会结合自身需求合理搭配，还相互合作，进餐过程越来越有序。他们津津有味地吃着自己盛的饭菜，体验到自助取餐的成功感和为他人服务的快乐。

进餐环节只是幼儿一日生活中的一个环节，生活中有很多这样的环节。教师在培养幼儿自助取餐的过程中，虽有意培养，但没有充分信任幼儿。将生活环节的主动权还给幼儿后，教师还有许多担心。对于这些担心，教研组教师进行了研讨。有的教师认为自我服务依赖于幼儿的自理能力，每个家庭对于幼儿自理能力的培养程度并不相同，担心能力弱的幼儿不能很好地完成自我服务；有的教师认为将生活环节的主动权交给幼儿会出现混乱的情形、浪费时间，进而影响下一环节的开展；还有的教师担心有一定的安全隐患。但教师们想起开展主动性区域游戏初期的担心和后期的成功，决定实践到底。而实践证明，孩子的能力是值得相信的，离开成人的帮助，幼儿也能很好地完成任务。

帮助幼儿建立自我服务的生活常规非常重要。教师们认为幼儿的自我服务意识对于幼儿探索世界有很大的帮助。教研组老师开始思考有效的支持策略。第一，发挥示意图的作用。示意图能够帮助幼儿明确各生活环节的内容及时间。中大班老师与孩子们一起用简笔画制作一日流程图，配上时刻表，让幼儿清晰了解每一个环节的时间。小班老师用拍照片的方式明晰一日流程，用电池的电量图标来表示各流程需花费的时间。第二，采用“大带小”的方式。“大带小”可以是年龄大的幼儿向年龄小的幼儿提供帮助，也可以是能力强的幼儿支持能力弱的幼儿。“大带小”的方式能为年龄小、能力弱的幼儿提供帮助，让幼儿们共同解决生活难题。第三，给幼儿一定的弹性时间，改变之前环节中既定的时间要求。生活环节对于不同幼儿有不同的挑战难度，应允许幼儿有一定的弹性时间，尊重幼儿的个体差异。对于某个阶段还不能熟练完成生活环节任务的幼儿，适当放宽时间，允许其跟不上大多数幼儿的节奏。将生活环节的主动权交给幼儿后，幼儿更加自如地在一日生活中自我服务、自我管理，幼儿的主动性更加突出，幼儿的能力得到充分展现，逐渐成长为生活的小主人。

喝　水

混龄二班的小朋友刚从盥洗室出来，就围在水桶旁准备喝水。贤贤说：“我在排队的时候后面的小朋友总是插队！”曦曦说：“有的人水接得太满了，洒在我鞋子上了。”孩子们七嘴八舌地诉说着自己所遇到的问题。杨老师和孩子们一起讨论喝水流程中存在的问题，共同思考解决办法。杨老师问孩子们：“怎么解决插队问题？”夏夏说：“我们可以像银行的窗口一样，在地上画一条线，提醒大家前面有人，不能越线，不能插队！”杨老师接着问：“怎么解决水接太多的问题？”媛媛说：“我们可以在杯子上画上线，每次接水就接到线的位置，水就不会接得太满了！”说干就干，杨老师拿来了即时贴与孩子们在地上贴了一条醒目的黄线。考虑到饮水量的问题，随后杨老师为每组幼儿准备一个量杯，量杯上有刻度和数字。大孩子给小组共同使用的量杯接满水，小孩子则只需按刻度倒水入杯，一刻度水量刚好为多半杯水。在实际操作中，刚开始有部分孩子们对于使用量杯倒水并不熟练，经常将水洒到桌面上。这时，总有同伴主动跑去拿来抹布将桌面的水吸干。经过反复的练习，孩子们自我服务的意识越来越强。孩子们之间也会相互提醒倒水量，接水时拥挤的现象也没有了。杨老师发现孩子们基于自身经验共同讨论出来的方法非常实用，鼓励孩子们用绘画的方式制作了饮水流程图，将孩子们讨论得出的注意事项都绘制下来。由于是他们自主商定的规则，孩子们了然于心，饮水的秩序井然。在喝水环节中教师重视和满足幼儿的需求，倾听幼儿的问题，鼓励幼儿自主发现问题、解决问题，促进幼儿在生活环节主动学习与发展。

2. “以幼儿为本”的学习活动

幼儿在生活活动中已体现了主动学习的精神，下一步，教师决定在学习活动中进一步探索实践。教师们提出问题：“主动性区域游戏中的孩子玩起来那么自主，怎么学习活动中却显得积极性不高？”教师们意识到，在主动性区域游戏中，幼儿自己确定计划、自我实现意图，而大部分学习活动是教师发起的，幼儿对学习活动不感兴趣，很可能是教师没有把握幼儿的兴趣点，幼儿没有将主动学习的精神很好地运用在学习活动之中。

科学活动：认识蚕宝宝

近期，大二班小朋友在晨间谈话时讲到了他们养蚕宝宝的经历。魏老师觉得这是很好的教学契机，于是组织实施了学习活动。教师会先拿蚕宝宝出来展示，预设幼儿会对比蚕宝宝在不同生长阶段的身体发展变化，观察二龄幼虫与五龄幼虫的不同。但当教师出示蚕宝宝后，幼儿的兴趣点与教师的预设大相径庭，许多幼儿饶有兴趣地观察着蚕宝宝的颜色、蠕动、咬食、粪便等。他们相互讲述着感兴趣的方面，全然不理会教师的组织……对接下来的环节怎样组织，魏老师没有头绪。

案例中发生这样的情况，是因为教师在课程实施过程中对幼儿的兴趣点把握不准确，只是执行教学过程和环节。这个活动内容是教师主导的，不能激发幼儿主动学习的力量。教师想要改变这种状况，该怎么做？将幼儿强行拉回来听教师讲述吗？不！尊重、认可幼儿的老师会蹲下身来投入其中，与他们讨论正在做的事情，理解幼儿直接感知、亲身操作、主动建构的方式，激发幼儿的学习动力。教学的过程应该是师幼合作。没有情感体验和自主参与，又怎能使幼儿保持长久的兴趣？

在幼儿主动参与的学习过程中，他们将已有认知、经验转化，形成了新的认知、经验，发展了思维，获得了积极的情感体验。教师通过观察幼儿的探究过程、兴趣爱好、语言和行为，考虑个别差异和均衡发展，决定如何引导探究方向，为他们设计更具挑战性的活动，促进幼儿在下一阶段获得新认知和新经验。

围绕学习活动中的困惑，教师们表示：在常规教学中，每天上午都有一节学习活动，教师们按照预定教学进度备课、上课。在实践主动性游戏课程的过程中，原先的学习活动该如何改进？基于该问题，教师们展开讨论，主动学习“顺应、支持”“生成、创造”究竟该如何在幼儿的学习活动中体现。大家提出，区域游戏活动中那些幼儿难以解决的、具有共性需求的、有值得深入研讨的价值的内容可以作为学习活动的主题由教师带幼儿共同学习，个别化经验的提取则可以通过区域游戏活动获取，同时兼顾课程主题的系统性、整合性。学习活动应围绕解决共性问题展开，体现真实化、生活化、趣味化，与主动性区域游戏紧密融合，共同促进幼儿知识、经验、能力、情感的提升。

基于幼儿的探究兴趣点，结合课程主题，教师有必要提前收集问题、预设部分计划，满足幼儿下一阶段的探究需求。预设计划时，需要注意这几个方面：

（1）教师对幼儿的兴趣、能力、习惯应有一定了解。除了捕捉幼儿显性的兴趣和需求，教师还应了解幼儿的隐性需求。幼儿是真实生活的个体。在师幼互动中，教师可以通过观察、调查、讨论等方式了解不同年龄段幼儿真实的想法。

（2）在开展主题活动时，支持幼儿的新想法，并从回顾、谈话、行动中提取幼儿对该主题感兴趣的方面，形成可以选择的内容，让幼儿决定探究方向。

（3）寻找对幼儿发展有意义的事。教师可以利用节日、特殊社会活动、民俗等契机，预设符合幼儿年龄特点、兴趣的活动。

有了以上理念的引领，教师们开始基于幼儿的兴趣、能力，预设学习活动，并支持幼儿参与，满足幼儿的探究兴趣。

一节有趣的科学探究活动：牙齿是骨骼吗

一天，大三班的琪琪和豆豆拿着头骨的X光片跑来问王老师："老师！牙齿是骨骼吗？"琪琪说："是骨骼！牙齿像骨骼那么硬！"豆豆说："我爸爸说牙齿不是骨骼！牙齿会掉的！骨骼不会掉！"两个小家伙争论得有理有据，引起了其他小朋友的围观。他们自发分成了两组，有的孩子说牙齿是骨骼，有的说不是。王老师在孩子们的争论中提取了兴趣点——牙齿是骨骼吗？随后，王老师投放了人体骨骼模型、牙齿模型、绘本《人体骨骼大探秘》。幼儿一下子就被新投放的材料吸引过去了。王老师还利用家园共育的机会，请家长与幼儿一起收集人体骨骼的相关资料。

有趣的探究活动"牙齿是骨骼吗"就此应运而生。王老师首先不着急公布谜底，而是请小朋友逐一介绍自己的调查结果。

乐乐说："你们看！头骨X片上有牙齿，我觉得牙齿是骨骼！"

豆豆拿着自己的调查表说："不对！我昨天和爸爸上网查了，人体骨骼有206块，但是里面没有牙齿！"

天天说："骨头断了可以慢慢长好，牙齿断了就再也长不出来了。"

王老师把孩子们的讨论结果记录在黑板上。小结时间，她让幼儿再次猜想，牙齿究竟是不是骨骼。

随后，王老师播放介绍牙齿的视频，还通过绘本让幼儿了解骨骼、牙齿的功能与结构的差异。在最后的讨论中，孩子们一致认为牙齿不是骨骼。

在这个活动中，教师基于幼儿的共性问题，预设学习活动，并支持幼儿自主探索，让幼儿在主动学习中丰富了感知经验，在自由、自主的氛围中获得成长。

3．“以幼儿为本”的户外活动

教师们思考户外活动能否也让幼儿自主玩起来。我们想到了安吉游戏、山东利津游戏，我们能否也那样做呢？有的老师提出了自己的顾虑：“幼儿对器械不熟悉，器械混放会不会造成相互干扰及磕碰？”有的老师提出：“户外活动需不需要技能上的指导？”有的老师指出：“我园地处城市中心，家长对户外活动安全关注度高，如何做好安全保障？”还有的老师问：“在户外活动中，教师如何观察、支持每一个幼儿？”针对问题与困惑，教研组教师围绕户外设置、材料投放、游戏组织、活动评价开展实践研究，将主动性区域游戏的理念落实到户外活动中，整合场地、器材，创设自由、自主的游戏环境，从而形成了户外大区域游戏模式。

在户外大区域游戏的实施中，第一步是进行场地调整。有效整合操场、沙水池、草地，合理规划，因地制宜，创设了多个开放区域。第二步是分类投放器械，增强“野趣”特点，按照动作技能将器械、材料按类投放，达到提升幼儿的动作技能的目标。第三步是提供挑战手环，利用手环颜色区别区域，每完成一个区域，获得一种颜色的手环，在锻炼动作技能的同时增加游戏的趣味性和挑战性。第四步是教师以区划分，进行安全站位，在所在区域内观察、支持幼儿的活动。第五步是优化游戏玩法。将主动性区域游戏的四个环节（计划、工作、整理、回顾）运用到户外活动中。幼儿自己计划户外活动想挑战的游戏内容。教师在回顾时间通过手环了解幼儿的完成情况，根据不同区域的不同运动技能，给幼儿有针对性的锻炼建议。第六步是提升幼儿的自我管理能力。以音乐作为信号，在户外活动中，将取放器械和整理材料的权利交给幼儿。按班级设置喝水专区，幼儿根据自身情况，自助喝水，在户外活动中提升自我管理能力。

户外大区域游戏开始了

户外大区域游戏开始了，各班教师组织幼儿开展户外活动，提醒幼儿要遵守游戏规则，鼓励幼儿挑战更多的区域。

活动音乐响起，幼儿按照自己的计划，来到选择好的区域，戴好挑战手环开始游戏。“攀爬区”的幼儿有的两两合作，有的独立行动，用双梯、单梯、木板、轮胎搭建成了一座座小桥、高台。“平衡区”的幼儿将木板、条凳、三角支架、滑滑梯、荡桥、吊杠连在了一起。一些孩子将垫子搭成了房子，匍匐着快速移动。有一些孩子将呼啦圈在地上摆出了许多造型，单、双脚行进跳。“大型积木区”的孩子们利用不同的积木、长木板搭建了许多建筑物，如西安的城墙、大雁塔、立交桥等。“小车跑道”上的孩子们自由地骑着脚踏车、滑板车、剪刀车，快乐游戏。“沙水区”的孩子也玩得乐此不疲。孩子们在各区之间自由穿梭。许多幼儿跃跃欲试，向不同颜色的手环发起挑战。音乐声响起，幼儿迅速返回各班级集合区域，与老师、同伴合作整理区域材料。放松活动结束后，教师带领幼儿一起回顾游戏，观察幼儿挑战手环的数量及颜色，给出下一次游戏的合理建议。

通过户外大区域游戏的尝试与改变，教师们坚定了落实主动学习精神的信念，通过对场地、材料的重新规划，设计新玩法，增加了许多社会性交往机会，让幼儿更能享受户外活动的乐趣。这种户外活动在自主的氛围下释放了幼儿的天性，让幼儿实现了游戏意图。

（二）第二次尝试与改变

随着主动性区域游戏实践的持续更新，教师们发现幼儿能将主动性区域游戏的经验不断复制、延续、创造。教师观察、跟随和记录这个重要的过程，试着去发现课程主题的发展脉络，提炼幼儿下一阶段的需求，梳理学习路径。

课程的进行过程本应是师幼互动的生成和创造过程，可是在这个过程中，教师们显得很被动。面对幼儿同一时间抛过来的诸多问题，教师不知如何理清头绪、理清思路，不知怎样同步帮助幼儿延伸意图、运用经验以及发挥想象力和创造力。如果教师能找到主动性游戏课程的路径，就能在师幼互动的过程中，较好地发挥教师的支持作用，将幼儿游戏的生成契机变成有价值的课程探究起点，将幼儿游戏中的问题转变成课程探究内容，将幼儿游戏中的体验转变成课程的价值。

1. 主动性游戏课程中的幼儿支持

在主动性游戏课程中，幼儿的主体作用能充分发挥，但往往是幼儿领着教师走，教师的支持与跟进稍显滞后。在课程进行过程中，该如何关注幼儿的学习?

有的老师问："老师就一双眼睛，三十多个孩子，每天发生这么多事儿，关注谁，支持谁？"我们发现最需要帮助的是那些处于关键发展阶段的幼儿，当他们遇到了问题和挑战后，有了教师的支持，他们某一方面的能力会得到提升，从而实现最近发展区的飞跃。因此，教师的支持非常重要。教师除了认可幼儿的能力，还应及时关注需要成长的幼儿，支持他们提升经验、拓展思维。我们结合案例看看教师如何做好有效的支持与跟进。

高铁上的"霸座"乘客

近期，混龄二班孩子对高铁很感兴趣，很多幼儿分享了乘坐高铁的体验。计划时间，他们已经迫不及待地想要自己动手制作一辆高铁了。大孩子们很快用空心积木搭建好了自己的高铁。滕老师喊道："高铁到站了，请乘客们有序乘车。"

欣欣（3岁）兴奋地从里间教室跑出来。她领了一张票，然后一脚跨进积木搭建的高铁里，根本没有注意到大孩子们搭建的"售票处""安检处""站台"。这时令夏（3岁）和明明（4岁）正并排坐着聊天。欣欣使劲挤到两人中间，边挤边说："我要和明明坐在一起。"令夏被挤得哭起来了。

滕老师在一旁静静地观察孩子们的反应，没有干涉。两名"乘务员"迅速赶过来，他们劝说欣欣选择其他座位，可是欣欣不听。哭闹声吸引了高铁里所有的幼儿。司机小贤一边驾驶高铁，一边大声喊："不要吵啦。"可是没有人听他的。他直接冲出驾驶室，准备拉开欣欣，结果欣欣冲着他大哭起来。

正当小朋友没有办法时，滕老师走过来，耐心询问欣欣的需求。她看了看欣欣的票，然后问："你的票是几号？"欣欣回答说："4号。"滕老师又问了明明，明明的票是7号。滕老师问大家："两个人怎样才能坐到一起？"小朋友们说可以买连在一起的票。滕老师让欣欣和明明把票放在一起比较。欣欣想了想，拿着自己的票，坐到了正确的位置上。"霸座"事件就此结束。

回顾时间，滕老师专门请了欣欣讲述了游戏中发生的事情，还和孩子们讨论了情绪管理的方法。此外，大家针对乘车流程进行了讨论，帮助幼儿再次弄清楚乘车顺序。第二天，欣欣在排队买票时，滕老师有意识地引导欣欣买了和明明相邻的票。滕老师不断大声问别的小朋友，买完票要去哪里。滕老师的询问帮助欣欣回忆起了乘车流程，欣欣果然配合地走过“安检处”“站台”进入高铁。欣欣拿着2号票，在乘务员的帮助下找到2号座位，与明明坐在一起，玩得很开心。

讨论现象：案例中的幼儿（3岁）欣欣通过这次小小的风波，在教师的支持引导下，进一步明白了规则意识的重要性。欣欣的共情能力、规则意识获得提升！

喜欢“卖票”的男孩

尉迟（3岁）在长达两周的“高铁真方便”游戏中，为自己选择了“售票员”角色。尉迟当上“售票员”是很偶然的事情。一天他在玩具柜发现了一沓票，他高兴地将票捏在手中数来数去。当听到滕老师说“高铁到站了，请乘客们有序乘车”时，小朋友们才发现票在尉迟手里。就这样，尉迟成了“售票员”。

“售票员”的工作虽然简单、重复，但尉迟很喜欢这样的工作。宇涵（3岁）说：“我要去厦门！”尉迟回答说：“只有去上海和北京的票。”宇涵想了想说：“那我去北京吧！”小小说：“我要去海南。”尉迟回答说：“没有去海南的票。”尉迟与小朋友的对话吸引了滕老师的注意力，她发现尉迟知道的城市很少。

正值五一长假，滕老师鼓励全班的小朋友都进行一次旅行。滕老师还特意和尉迟父母进行了沟通。尉迟的父母因为工作忙，很少有机会带孩子外出，这次偶然的交谈触动了尉迟的父母，他们带着尉迟进行了一次出省旅游。五一假期结束，滕老师带了一张地图和许多小朋友的大头照，请大家介绍自己去过的城市，并将大头照贴在相应的位置上。这项活动是滕老师特意为尉迟准备的，尉迟与父母还将自己的出行体验做成了绘本，讲给大家听。尉迟也在旅行中知道了很多城市。

随后的游戏中，尉迟仍旧专注地做着“卖票”的工作，他耐心地坐在自己的座位上等待。当没有人买票时，他会主动对小朋友说“你要买去哪儿的票”，还会说“票卖完了”“你们要排队，不排队没办法买票”。虽然尉迟很专注、认真地投入自己的游戏，但高铁发车后，尉迟显得没事可做。

滕老师在回顾时间与孩子们沟通了这一情况，孩子们提议增设地面休闲区。这样，尉迟在卖完票后就可以变成乘客，去地面休闲区进行其他游戏。

讨论现象：在案例中，尉迟（3岁）成为“售票员”的契机非常偶然。幼儿的年龄特点、口语表达能力、已有经验制约了他深入发展游戏。滕老师敏锐地发现了这一突破口，利用家园共育丰富了幼儿的生活经验，使游戏情境与生活经验有效结合，极大地提升了幼儿的人际交往及口语表达能力。在滕老师的引导下，小班幼儿尉迟的同伴交往、倾听与表达、社会交往能力获得提升！

“百变悠悠”

在每天游戏开始前，悠悠（4岁）总是在寻找自己想玩的角色。今天他找了一个木板，制作了高铁闸机口。他选择当一名“检票员”。当滕老师走过来时，“安检口”的工作人员骁贤（5岁）冲老师敬了个礼，悠悠立刻模仿他敬了个礼。

在检票过程中，他提醒乘客刷票，然后才抬起木板，让乘客通过，帮助不会刷票的乘客刷票，还教育“乱钻”闸机口的小乘客遵守规则。他的指令清晰，帮助许多乘客有序通过了闸机口。

当看到司机泽泽用插塑片拼了一个小喇叭，提醒乘客进站后，悠悠模仿她，也拼插了一个喇叭，卖力地喊起来。没过几天，他选择了乘务员的工作。他用喇叭提醒大家不要吵闹，帮助乘客逐一核对座位。他对此项工作非常认真。在司机休息的间歇，他兴奋地探究驾驶室的操作杆。

在接下来的游戏活动中，他果真选择了当高铁司机。他认真握着操作杆，专心开车。每到一站，他都大声给乘客报站，耐心等待乘客下车、上车。

滕老师默默地对悠悠进行了观察，将他尝试的角色一一记录，在回顾时间请他将有趣的体验与大家分享。他分享的多种角色，激发了很多小朋友的参与兴趣。滕老师预感到他还会尝试别的角色，因为他是那么善于模仿、探索、体验。

讨论现象：在这个案例中，悠悠进行了多个角色的体验。他有较明确的活动意图，并不断协调自己的注意力和毅力，完成了一个个角色挑战。滕老师默默地支持他，通过提供主动学习的环境和材料，使他能不断变换游戏情境，丰富游戏经验，获得情感体验。

主动性游戏课程中的一个个案例都体现了“孩子在前，教师在后”的主动性区域游戏核心。在游戏中，教师并没有过多地去干涉幼儿的游戏，仅仅作为一个“隐形人”去支持幼儿游戏，给予幼儿充分的自由游戏的空间。我们可以看到不同的幼儿沿着自己的学习轨迹不断成长。教师用隐性的支持，推动幼儿认知、经验、能力的发展。

在主动性游戏课程中，每一个幼儿都是沿着自己的学习轨迹在学习，教师不能用一把尺子来衡量幼儿，而是要纵向评价幼儿的成长与进步。教师要与幼儿进行默契十足的互动。这个互动过程对教师而言更像“伴舞”，及时进入、及时退出。为有效促进幼儿在已有发展阶段及时提升，教师可采取以下策略：

(1) 准确把握处于最近发展区的幼儿。在主动性游戏课程中，幼儿是有能力的独立学习者。当幼儿遇到瓶颈时，教师需要敏锐地察觉，及时关注幼儿，为有提升空间的幼儿搭建“脚手架”，促进其突破瓶颈，获得提升。

(2) 优秀的教师能发现每一个幼儿的成长契机，支持其在原有经验上不断发展。当幼儿表现出积极的游戏状态和坚持不懈的努力时，即便短暂停滞不前，教师也不必过多介入。在主动学习精神的引领下，教师要做的是顺应和推动，静待花开。

2. 主动性游戏课程中的问题提纯

在主动性游戏课程中，幼儿的问题随着他们的发现逐渐多元。同一个小组里学习路径不同的幼儿，面临诸多不同的问题需要解决。教师发现幼儿的问题表现为许多方面，包括寻求材料、寻求解决办法、希望处理冲突、渴望肯定、证实猜想等。这些问题如何分门别类、归纳梳理、去粗存精，从而帮助教师确定下一阶段课程的探索路径呢?

游戏课程案例:“追寻恐龙”

五一劳动节收假之后，在晨谈活动中，孩子们讲述了放假期间自己在旅行途中的所见所闻。他们谈到了有趣的动物。教师们组织孩子们投票选出最喜欢的动物，结果显示大多数孩子对恐龙特别感兴趣。于是教师投放了恐龙玩具、沙盘等材料。在接下来的游戏中，孩子还陆续从家中带来了各种不同的恐龙玩具进行比拼。教师请孩子们带来有关恐龙的图书、图片、海报、模型、视频等资料，根据孩子们的兴趣开展了“追寻恐龙”之旅。

◎恐龙之最

一天，孩子们在游戏时产生了争执。

豆豆说:“我的恐龙最大!”

阿锴说:“我的恐龙最可爱!”

小丁说:“我的恐龙有翅膀!”

孩子们的争论吸引了更多幼儿的关注。小丁不服气地跑来问老师，究竟谁的恐龙才是最厉害的恐龙。教师将问题分类后，开始了“恐龙之最”的调查活动，请孩子们和家长就“恐龙之最”开始调查。接下来，幼儿在调查单上发现了许多有趣的事情，产生许多“最……”的问题。

调查活动后，大家争先恐后地分享着自己的结果。

小丁说:“我调查到波塞东龙是目前已知最高的恐龙，经估计有6层楼那么高。

龙龙说:“瑞氏普尔塔龙是地球上最大型的恐龙之一，身体和鲸鱼一样长，它的胸腔能装下一头大象，是恐龙之王。”

阿锴说:“最小的恐龙是近鸟龙。”

豆豆:“最凶猛的是霸王龙。”

随即，教师将孩子们搜集到的“恐龙之最”进行整理汇总。孩子们都被各种各样的恐龙吸引了，讨论也更加热烈起来……

◎食肉恐龙与食草恐龙

随着讨论的深入，孩子们发现所有恐龙其实分两类，即食肉恐龙和食草恐龙。

他们又出现了新的问题——食草恐龙和食肉恐龙究竟谁更厉害？于是教师请孩子们进行新的调查，并将理由说清楚。

柚子说："我觉得食肉恐龙更加厉害，因为它们和老虎、狮子是一样的，可以吃掉食草恐龙！"

豆豆说："食草恐龙更加厉害！它们都很庞大！"

教师和孩子把恐龙进行了分类。孩子们通过观察发现，奇形怪状的牙齿多属于食草恐龙，而锋利的牙齿多属于食肉恐龙。在"谁最厉害"这个问题中，通过观看纪录片，孩子们了解到虽然食肉恐龙很厉害，但食草恐龙中也有厉害的，所以食草恐龙和食肉恐龙没有绝对的谁比较厉害。

◎恐龙的起源和灭绝

教师会将孩子们对恐龙的各种各样的问题记录下来，一起讨论、归类，筛选有价值的问题继续探究。

一天，琪琪对柚子嚷嚷起来："恐龙是从蛋里面孵出来的！"

柚子说道："我爸爸说恐龙是由爬行动物慢慢变来的！"

教师觉得他们俩的谈话非常有价值，发现了课程发展的关键点，于是在学习活动时间，引入了这个话题。随着更多孩子的参与，孩子们七嘴八舌地讨论着恐龙的由来。

这天，豆豆又提出了新的问题："老师，为什么现在看不到恐龙了？"

妞妞着急地抢着回答："火山爆发，陨石撞击地球，地球太热了，恐龙就灭绝了。"

琪琪说："不对！是因为地球太冷了，把恐龙冻死了。"

豆豆说："我查到恐龙是因为地球上的植物变得有毒了，所以恐龙吃了有毒的植物，慢慢灭绝了。"

阿铛说："我查到是因为有一颗陨石撞击了地球导致恐龙灭绝了！"

……

孩子们经过主动探索，发现恐龙灭绝的原因有两种说法。关于恐龙的灭绝，科学家有不同的意见，现在还没有一个确切的说法，他们还在探讨、研究。

教师与孩子们一起观看了关于恐龙的科普片，请幼儿列出问题清单，在教师将问题梳理归类后再与幼儿一起探索。在实践探索后，孩子们还对考古、化石产生了浓厚的兴趣。为了丰富孩子们的游戏，教师随即又在区域里投放了考古玩具和恐龙骨骼玩具。琪琪还带来科普书，与大家一起分享恐龙化石的形成过程。教师与幼儿一起制作了恐龙化石模型。

◎恐龙博物馆

随着对恐龙的认识加深，孩子们的游戏也更加深入了。在做区域游戏时，孩子们搭建了恐龙博物馆，妮妮邀请乐乐到恐龙博物馆进行参观。乐乐对妮妮说:“恐龙博物馆怎么没有提示标志？我都不知道往哪里走了！”妮妮便跑到艺术区取来彩笔和纸，请老师分别写上了“食肉恐龙”和“食草恐龙”几个大字张贴在恐龙博物馆的不同位置。在游戏的过程中，教师发现孩子们搭建的恐龙博物馆过于简单了，于是建议孩子们利用周末都去一趟自然博物馆，看看博物馆的布局是什么样的，以及里面都有哪些提示与标志。

在之后的搭建活动中，孩子们给博物馆进行了大改造。妮妮在艺术区做了标识；阿铛和丁丁为博物馆搭建了不同的展馆，用玩具和绘画作品丰富了博物馆；豆豆用小积木搭建了恐龙骨架……博物馆搭建好了，孩子们还带领教师参观了自己搭建的恐龙博物馆，并对他们搭建的作品逐一进行了介绍。这次的恐龙探究之旅给他们留下了深刻的印象。

主题活动进行到尾声，幼儿强烈希望能扮演一只自己喜欢的恐龙进行游戏。他们和父母一起制作了纸箱恐龙。孩子们对本次恐龙主题的活动意犹未尽，还用绘画、手工制作等方式表达了对恐龙的热爱。

整个活动围绕幼儿感兴趣的话题产生。围绕恐龙这个主题，师幼共同引发了探究活动，游戏内容延伸到多个领域，课程内容丰富且深入。在幼儿不断冒出的各种问题中，教师筛选、合并、归纳，将有价值的问题引入小组学习中，寻找课程下一阶段的探究内容，满足幼儿的兴趣需求与全面发展需求。在实践中，教师们整理了几种方法，便于整理、归类、提纯课程中的问题，为幼儿的下一步探究提供支持。

(1) 生成课程是孩子们发起的，通过对幼儿的多数问题予以记录、整理、归类，将有着相同的研究内容的问题合并为显性探索路径和方向。教师可以建立每周问题清单，根据所搜集的问题，决定探究方向。

（2）考虑课程中出现的共性问题。在已形成的方向中，寻找幼儿迫切需要解决的共性问题，以学习活动的方式与幼儿共同了解，给幼儿知识、经验的拓展提供助力。

（3）在课程进行中，幼儿脑中会形成许多游戏的好点子，具有深入探究的价值。教师可以关注幼儿的好点子，让幼儿自己主导活动走向。

此外，教师还应对课程中产生的其他个性问题进行个别解答、个别指导。

3．厘清主动性游戏课程的脉络

主动性游戏课程可以最大限度地发挥幼儿的主体作用。教师基于幼儿的兴趣发现问题，支持幼儿探究，使幼儿在活动中有很强的能动性。教师通过实践梳理出的课程主线是发现问题、筛选问题、解决问题，围绕问题组织实施主题，促进课程的实施，延伸活动脉络。

主动性游戏课程：建高楼

幼儿园的B楼盖好了。大班的小朋友都非常好奇，问老师：“新楼什么样子？新楼也和旧楼一样有许多部室吗？新楼有没有小朋友？”他们心中藏着许多关于新楼的小问号。几个幼儿都对某一个事件发生兴趣而开始追问时，便是幼儿兴趣集中的地方。

问题：“新楼什么样？”

侯老师首先请小朋友猜一猜新楼里有什么。每个小朋友都发表了自己对新楼的想法。从黑板上的记录看到，幼儿猜测有教室、部室、办公室。针对幼儿感兴趣的地方，教师组织幼儿进行实地参观，验证猜想。参观中，幼儿还发现了许多以前不知道的地方，如大厅、教职工餐厅、文化墙。通过实地参观，大家发现新楼有许多不同的房间，每个房间有不同的功能。

问题：“楼怎么盖起来的？”

小朋友们被新楼宽敞的教室和温馨的环境所吸引，便开始思考新楼是如何建成的。教师引导小朋友观看了幼儿园建造新楼时的施工照片。大家基本了解了施工盖房时会用到砖、水泥等一些材料。

有小朋友问："我们班没有砖、水泥怎么盖楼呢?"侯老师也反问大家。听到老师也没有办法，小朋友们七嘴八舌地讨论起来了。晨晨说："咱们可以用积木盖楼。"颖铟说："咱们可以用易拉罐盖楼。"孩子们有的同意用晨晨的材料，有的同意用颖铟提出的材料，大家争得好不热闹。侯老师一边听着一边"装傻"。两方幼儿则谁也不妥协。最后有孩子提议，分成两组，一组幼儿决定选用空心积木开展搭建活动，而另一组决定选用纸板搭配易拉罐完成搭建。

◎积木队

问题："木板怎么长出了许多?"

小小工程师已经迫不及待想要自己动手搭建了。房屋四周的围墙很快就搭好了。峻江正在用木板搭建房顶。他突然说："木板怎么会长出了许多?"这个问题立刻引起孩子们的讨论。一些幼儿说："没关系的，木板就是比围墙长。"还有一些幼儿则不停地把木板推来推去，想要解决问题。侯老师记录了这个问题。在回顾时间她请峻江保留了房屋，请大家一起想办法。有的孩子提议用尺子量围墙，重选木板。这时峻江想到了办法，他把"围墙"挪到木板边沿，木板便不长也不短了。他兴奋极了。侯老师将解决问题的主动权交给幼儿，让幼儿通过同伴互助完成任务。

问题："二楼稳不稳?"

一层搭好了，幼儿又搭建了二层卧室。大家都很欣喜，但没人敢上去玩，担心二楼不稳当。最后大胆的梓玥爬上二楼，小心翼翼地坐在卧室里说："我觉得有点稳，也有点危险，还是把它当书房吧!"梓玥开始在大厅里寻找装饰书房的物品。喻帆也说："老师，我们的厨房也没有东西。"其他小朋友也有同样的需求。侯老师发现了孩子们的共性需求，便带着所有小朋友到教室里走一走、转一转，为新房子添置了图书、电话、茶杯、碗盘，娃娃、枕头、杯子等物品。新房子变漂亮了，小朋友也玩得很开心。

◎纸箱队

问题："易拉罐不够了怎么办?"

纸箱队收集了许多的纸板和易拉罐。这天，林菲说："老师，易拉罐不够了!"

侯教师反问幼儿："易拉罐不够了怎么办？"教师抛出来的这个问题迅速引起了所有孩子的注意，大家纷纷开始想办法。有的小朋友让老师再带来一些易拉罐，有的小朋友说可以用其他东西替代。侯老师注意到颖铟用了很少的易拉罐来搭建，觉得这是很好的教育契机，便决定不补充易拉罐，给孩子们设置一些挑战。

在游戏回顾时间，侯老师请颖铟做了搭建分享。她说："我看到颖铟用了很少的易拉罐来搭建高楼。"颖铟说："我只用了四个易拉罐。"其他幼儿全都趴在地上，看着她示范，生怕一说话，大楼就会倒塌。颖铟的游戏激发了大家的挑战兴趣。欣滢说："我还可以用更少的易拉罐来搭建。"其他小朋友学到方法后都开始尝试减少易拉罐的数量，易拉罐不够用的问题解决了。

问题："楼房总是不停地倒塌怎么办？"

在搭建第二层、第三层时，易拉罐大楼总是不停倒塌。小朋友有些灰心丧气了。侯老师带幼儿重新观察教学楼外观，引导幼儿看清柱子的位置。这时欣滢说："每层柱子都竖直、对齐的。"侯老师大声重复欣滢的话，引导幼儿发现关键点。老师还特意拍下了大楼的每一层柱子，将图片投放在区域里。

在之后的搭建中，欣滢将每一层易拉罐对齐，搭建了7层，易拉罐大楼不倒了。其他小朋友纷纷来取经。他们都开始调整每一层的易拉罐，保持上下竖直。许多人建到了7层，大家叫它"七层塔"。易拉罐队终于竣工啦！

幼儿从参观新教学楼的实践活动中找到了自己的兴趣点，他们通过发现、讨论、行动，完成了自己的设计、创意搭建和经验提升，并在房屋游览会中获得了快乐的情感体验。教师们也围绕幼儿的问题，不断创设情境和挑战，帮助幼儿解决问题。

大班的"建高楼"活动来源于幼儿对生活环境变化的捕捉，大家围绕话题展开讨论，发现了生活环境的变化，产生了建高楼的游戏意图。在搭建高楼的过程中，幼儿遇到很多亟待解决的问题。教师提供实践、操作的机会，让幼儿主动发现答案，基于幼儿的问题探究新意图，做幼儿的隐形伙伴。

当教师密切关注课程的全过程时，他们发现追随幼儿的问题是主动性游戏课程的主线。在主动性游戏课程中，在不断筛选问题的过程中，下一阶段的探究方向逐渐明晰。这个循环反复的过程，促进幼儿在主动性游戏课程中发展与提升了认知、能力、经验。教师们以幼儿的问题为导向，引导主动性游戏课程的深入开展。

第三节 主动性游戏课程的理论依据

一、总结经验

主动性游戏课程开展以来，深刻地影响了师幼的学习和生活，教师们的教育思想、活动组织方式、对幼儿的评价发生了重大的变化。教师学会了倾听幼儿、观察幼儿、理解幼儿、分析幼儿、把握幼儿的特点、支持幼儿的发展。幼儿是主动性游戏课程的受益者，他们学会了制定计划、实施活动、调动主观能动性，以及迁移已有经验来解决新问题。在这个过程中，原有认知与新经验产生奇妙的融合，幼儿获得了成长。随着主动性游戏课程的开展，一个个有趣的课程内容产生了。在“高铁真方便”活动中，我们看到了有力量的主动学习者形象；“追寻恐龙”让我们学发现了问题的价值；“建高楼”让我们找到理清课程脉络的方法。主动性游戏课程对幼儿的发展、教师的发展、园所的发展产生了深刻的影响，教师们决定将主动性游戏课程一直开展下去。

（一）主动性游戏课程的特点

1. 发展性与教育性

幼儿期是人生发展的重要时期。幼儿需要积累为终身发展奠定基础的能力。主动性游戏课程遵循幼儿身心发展的特点，拓展了幼儿的视野，丰富了幼儿的思维，促进了幼儿情感认知行为与社会环境的互动。主动性游戏课程所包含的主动精神为幼儿的成长提供了帮助。

2. 自主性与愉悦性

幼儿在主动性游戏课程中实现了自主性，游戏中的体验隐含极强的教育性和发展性。主动性游戏课程是一种让幼儿能够生动地、诚实地表达自我的方式，能够让幼儿在游戏中享受自由与快乐，更好地实现了游戏在心理调节中的作用，体现了游戏在培养幼儿健康的人格特征方面的独特价值。这种心理状态下的幼儿在学习的过程中是富有想象力与创造力的，是学而不厌的。因此，主动性游戏课程是快乐的教育。

3. 预设性与生成性

主动性游戏课程的实施过程是弹性的、可变的，这样才能与幼儿好奇的天性、好变的需求、源源不绝的创意相适应。我们允许幼儿按自己的意愿和对主题的认识呈现游戏内容，发展游戏情节。教师挖掘每一次活动中幼儿的兴趣点和创意点，把握其中的教育契机，潜移默化地培养幼儿的创造性思维及反思探究、大胆挑战的品质。因此，主动性游戏课程是灵性的教育。

4. 完整性和螺旋性

主动性游戏课程体现了幼儿的探索路径及主题脉络。不同能力水平的幼儿尝试不同角色，选择各自感兴趣的内容，在分享经验时又相互借鉴学习，共同解决主题活动问题，合作交流，获得连续的、完整的经验。主动性区域游戏的性质在于可以反复玩，每一次反复都可以生成、累加、替换新的内容，所以，幼儿的能力在不断地建构认知经验中获得螺旋式上升。

（二）主动性游戏课程的实施原则

1. 体验为本

对于幼儿来说，参与主动性游戏课程的重要目的在于体验生活。以体验为本的游戏是充满自由精神的游戏，是萌发好奇心、探究精神、想象力、创造力的源泉。这种游戏中的幼儿呈现的是一种强烈、全面、彻底的投入状态。这种状态独一无二、不可言喻，能使幼儿成为真正完整的、自由的人。

2. 生活为源

幼儿的生活需求和已有经验是主动性游戏课程的内容来源和依据。游戏之外的生活是课程的主要来源。幼儿的游戏往往就是他们对现实的反映。如果平时缺少对生活的体验，幼儿游戏就不会有丰富的表现，幼儿就不可能表现出他们此前没有的体验。当幼儿在游戏中产生对生活的需求和体验时，教师不能以功利为目的去干预，而是要在维持幼儿完整体验的基础上，和他们共同交流，使知识在体验中获得进一步生长的动力。

3．整合为系

幼儿的成长是全面的、整体的过程。主动性游戏课程的各要素（环境、材料、与人的互动）在实施中有机地整合。主动性游戏课程的构建要以“玩”为枢纽，使教育内容（五大领域）、教育手段（游戏、操作、交往、表现等）、组织形式（学习、游戏、生活、户外）、社会资源（社区、家长）等有机联系、融会贯通，促进幼儿的认知、情感、能力等诸方面和谐发展。

4．自主为魂

自主探究是主动性游戏课程的灵魂所在，并体现于各种实施形式和各个活动环节之中。主动性游戏课程强调从“自主”的角度组织和认识课程，所有的游戏都源自以幼儿为主导的自主性问题。主动性游戏课程以幼儿的兴趣为主导，幼儿自由选择内容，自己推进课程的发展，自己筹划和设计游戏场景，自己解决游戏中出现的问题，由此获得快乐的情感体验。

二、理论支持

1．马斯洛的需求层次理论

马斯洛把需求分成生理需求、安全需求、爱和归属感、尊重、自我实现五类，依次由较低层次到较高层次排列。

幼儿的认知方式就体现着主动性，他们会用绘画等象征符号表达，将自己看到的事物与所画出的符号对应起来。主动性游戏课程就是让幼儿通过与世界、人、事、物主动互动，获取知识、经验。它所强调的就是基于需求、基于主动、基于互动而产生的积极情感态度。这种情感态度是一种良性的刺激，激励幼儿更加主动地与周围的世界产生新的认知交互，从而完成由自然人向社会人的转变。

2．皮亚杰的认知发展理论

主动性游戏课程的核心是主动学习。皮亚杰认为，任何知识都源于动作。他在认知发展理论中指出，幼儿知识的获得就是幼儿与周围的人和物体相互作用的结果，没有人能替代幼儿获得经验或建构知识，幼儿必须通过自己的主动学习来获得知识。在实施主动性区域游戏的过程中，我们相信孩子与生俱来的本领就是游戏，他们通过游戏来学习。主动性区域游戏课程正是以此为核心。主动学习的精神存在于幼儿的游戏中、教师的支持中。教师要认可幼儿的主动学习能力，支持幼儿延伸自己的探索路径，通过挑战，使幼儿的思维发展到更高的水平，激发课程的生机与活力。

三、主动性区域游戏的价值

（一）主动性游戏课程促进幼儿多元发展

通过主动性游戏课程的开展，幼儿的认知、能力、情感、品质等各个方面均获得了提升。他们学会根据自己的喜好和兴趣生成游戏，各角色、各区域之间的互动明显增多，交流合作、协调矛盾、解决问题的能力都得到了提升。

1. 计划性与坚持性的体现

主动性游戏课程基于尊重，体现自主，发展自信。幼儿自己选择想玩的游戏内容，自己设计和想象游戏的发展，自己筹划和设计游戏场景，所以他们的自主学习有了驱动力。幼儿能根据自身的学习经验与生活经验，较持久地、专注地进行自己感兴趣的活动。

2. 社会性的发展

在主动性游戏课程中，幼儿交流合作、协调矛盾、解决问题的机会较多。在活动中，幼儿不再模仿教师，他们能主动发起活动，更喜欢三三两两地聚在一起共同探讨、合作游戏。在寻找、发现自己兴趣点的过程中，他们会想办法运用多种策略，完成计划的游戏内容。幼儿的交流合作和解决问题的能力就此得到明显的提升。

3. 情绪情感的满足

基于幼儿需求的主动性游戏课程满足了幼儿多变的情感需求。对于幼儿来说，活动的价值在于体验。游戏课程为这种体验带来了一种新的状态，幼儿的整个身心达到自由与和谐。这是一种完整的状态、一种自由的状态、一种真实的游戏状态。这种状态既是教育的最佳起点，又是教育要达成的最终目标。

4. 思维经验的提升

每一次互动的过程中，幼儿的原有认知都会被更新。通过寻找新材料、新游戏，创造性地解决问题，幼儿的思维获得新的整合与提升，形成了新经验。

（二）主动性游戏课程助力教师成长

1. 教师对主动学习理念有了更深切的了解

教师对主动性游戏课程的内涵、特点、目标的制定、观察的方法、指导策略的重点等，都有全新的认识。教师开始能够尊重幼儿主动学习的权利；激发幼儿独立解决问题，培养幼儿的自信，发展幼儿的社会技能。

2. 教师的课程开发能力逐步展现

教师学会了如何在一日生活中发挥幼儿主动学习的精神，并适时支持幼儿去探索，丰富教学策略，发现课程契机，掌握课程的展开路径，拓展课程思路，开发课程资源。

3. 教师的分析评价能力有所提高

教师逐步重视在实施过程中对幼儿的评价。通过评价，教师能了解幼儿当前的游戏发展水平，给予最近发展区的幼儿帮助，通过“脚手架”支持幼儿不断地建构自己。

4. 教师的反思能力大幅提升

主动性游戏课程的生成过程会及时有效地促进教师进行反思，提高自身素质和专业水平。在每一次游戏课程的开展过程中，教师都要记录典型的事件，发现存在的问题，展开深入分析，加强讨论交流，提出改进策略。通过不断积累和总结，教师能提升自身的反思能力。

在不断实践的过程中，西铁二幼将主动学习的理念渗透在幼儿园的每一处角落。优质的课程润泽着每一个生命，优秀的教师支持着幼儿的每一步发展。愿孩子能在主动性游戏课程中唱得更欢、舞得更劲、笑得更灿烂！

案例分享

主动性游戏课程：飞机

区域游戏时间，孩子们在积木区搭建了消防车。小小说：“快来呀！娃娃家着火了！”有有说：“好的！高架水车马上到！”小贤说：“不行！火势太大啦！我们只能用消防直升机从天空灭火！”在娃娃家的沫沫说：“飞机能带我去我妈妈家吗？”小贤说：“不可以，我们是消防直升机，你说的是客机！”孩子们玩得不亦乐乎。接着几天，孩子们在建构区搭建了飞机。

伴随着游戏活动的开展，教师们观察发现，孩子们近期特别喜欢玩灭火的游戏，但经过一周的活动，孩子们渐渐对灭火失去了兴趣，对飞机更感兴趣。为此，教师们进行了班级讨论，针对“飞机”的主题展开了分析。

晨谈活动中，教师们询问孩子：“你们想了解飞机的什么？”

小七说：“为什么有的飞机有螺旋桨，有的飞机没有？”

圆圆说：“飞机平时不起飞的时候停在哪里呢？”

泽泽说：“坐在飞机里面是什么感觉呢？飞机的椅子下面是什么？”

思羽说：“飞机是怎么飞起来的？”

小宇说：“飞机的螺旋桨有什么用处？飞机的发动机是什么样子的？ ”

豆豆说：“飞机在天空飞会遇到危险吗？ ”

糖豆说：“有的飞机为什么有好几个机翼？”

霖霖说：“有的飞机没有螺旋桨，它是靠什么力量飞行的？”

蹦蹦说：“飞机上为什么有很多小窗户？飞机的轮子有什么作用？”

教师们对幼儿的问题逐一归类整理，将幼儿的探究方向分为五个方面：飞机的外形及种类；飞机场；飞机的飞行原理；乘坐飞机的流程；飞机遇险怎么办。

◎飞机的外形与种类

孩子们开始分头寻找资料。有的孩子在周末和爸爸妈妈买来了与飞机相关的书籍；有的孩子从家里带来了中国自主研发的运 -20 大型运输机模型；有的孩子从自己家中带来了玩具飞机。材料的投放也让孩子们的游戏内容丰富起来。孩子们观察了飞机的不同外形，逐渐发现飞机有不同的种类。于是，教师请幼儿再次查阅资料，随后分享调查结果（见图 5-1 和图 5-2）。

图 5-1　分享（一）

小七说：“我调查到飞机有民用飞机和军用飞机。民用飞机

图5-2 分享(二)

有我们常见的客机和运输机,还有农业机、森林防护机、航测机、医疗救护机、气象机、特技表演机……”

小贤说:“我调查了军用飞机,军用飞机有轰炸机、侦察机、强击机、歼击机、预警机……”

糖豆说:“我调查了民用飞机,波音747、777、767、麦道11、空中客车340、330、310和伊尔86,它们都是大型宽体飞机,可以载客200人以上。”

……

孩子们积极分享着自己的调查结果。结合孩子们的共性需求,我们预设了学习活动,围绕飞机的种类、造型、功用,让幼儿加深理解。师幼将学习路径及过程性资料呈现在主题墙上,以便幼儿回顾、反思,形成新经验。

◎飞机场

在区域游戏里,孩子们继续搭建自己的飞机。突然,小贤和霖霖的两架飞机撞到了一起。

小贤说:“你让一下!我的飞机要从这里飞过去。”

霖霖说:“这是我的地盘!我在这里飞,你去别的地方飞。”

帆帆刚搭建好了“车库”,几名幼儿想把纸飞机停在里面。帆帆生气地说:“这是车库!飞机不能停!”小伙伴有矛盾了(见图5-3)。

图5-3 小伙伴有矛盾了

教师们观察着孩子们的一言一行,分清孩子们的矛盾点,在回顾时间请遇到问题的幼儿讲述自己遇到的问题,再采取同伴互助的方式解决问题。为了丰富幼儿关于机场的经验，教师组织了学习活动，师幼一起观看了视频《云奇飞行日记》，并将机场图片投放在区域里面，丰富了孩子们的知识。在随后的区域游戏中（见图5-4），孩子们产生了新的问题。

图5-4　玩游戏

小贤说："我们的飞机失控了，需要支援，呼叫塔台！"

子骞说："我是塔台！左侧允许着陆！"

糖豆说："可是我们没有塔台！"

小贤说："我们需要做一个塔台！"

幼儿提议建机场。

子骞说："飞机降落没有滑行道，没办法降落，我们还需要滑行道。"

霖霖说："飞机没办法停下，没有停机坪！"

于是，孩子们自发地在游戏中搭建了飞机场的各类区域，包括修理区、塔台、飞机跑道、停机坪等（见图5-5）。孩子们的飞机场初具规模了，孩子们的话题也越来越多了。

图5-5　游戏更精彩了

◎飞机的飞行原理

一天，糖豆和子骞拿着泡沫飞机在教室里飞，两个人玩得不亦乐乎。六月拿着玩具飞机多次尝试后问："为什么玩具飞机飞不起来呢？"

糖豆说："玩具飞机太重啦。泡沫飞机很轻。"

子骞说："有的飞机是靠螺旋桨飞行的，有的是靠风吹的。"

小七说："泡沫飞机和鸟一样，是靠翅膀飞行的。"

小宇说："不对，鸟的翅膀可以扇动，泡沫飞机的翅膀不行。"

……

在孩子们的争论中，教师们发现孩子们对泡沫飞机的飞行方式有争议。于是，教师预设了一次科学探究活动。最后孩子们在探索过程中发现了泡沫飞机飞行的秘密——它是依靠气流平稳飞行的。孩子们兴奋地探究着泡沫飞机。突然，六月的飞机刚飞出去就重重地摔在了地上，机翼断了。

六月奇怪地问："我的飞机怎么飞不起来了？"

圆圆说："你的机翼断了，断了机翼的飞机没办法起飞！"

孩子们围在六月的飞机旁，七嘴八舌地讨论着。

他们发现机翼是飞机不可缺少的一部分。师幼讨论了飞机机翼的作用。有的孩子猜测机翼是用来控制飞机方向的，有的孩子猜测机翼是用来保持平衡的。孩子们再次实验，一起玩飞机（见图5-6），对比有机翼的泡沫飞机和没机翼的泡沫飞机的飞行差异，最后得出结论：有机翼的飞机可以利用升力向上飞行。孩子们还进行了其他尝试，如将飞机的翅膀向一边偏移。最后，孩子们一致认为机翼是用来保持平衡的（见图5-7）。他们对于自己的发现产生了浓厚的兴趣。

图5-6　一起玩飞机

图5-7　讨论问题

◎乘坐飞机的流程

区域活动时间，糖豆和沫沫玩旅行的游戏。糖豆拿着自己的行李坐到了飞机里。这时，扮演"空姐"的媛媛提醒道："你还没有安检呢！"

霖霖说："什么是安检？"

媛媛说："安检就是把行李放进检查箱检查一下！"

乐乐说："还要出示登机牌！"

帆帆说："登机牌是什么？"

在游戏中，教师们发现孩子们对乘坐飞机的流程不是很清楚，随即做了家长调查。教师就此了解到媛媛有乘坐飞机的经验。教师请媛媛和她的家长带来了乘飞机的照片，分享了她乘坐飞机的经历，然后师幼一起了解了乘坐飞机的流程，并将图片投放在区域里。随后的游戏时间，媛媛很快用积木搭建了一个高台，她说那是检查箱。之后她拿着一块长积木当"扫描器"在小朋友的行李箱上扫来扫去。乐乐则在一旁的桌子上画好了"登机牌"，别的小朋友则排队领取。泽泽戴了一个军帽当起了机长，霖霖系了一条丝巾当空姐，糖豆和沫沫高兴地拉着行李去乘坐飞机，大家玩起了乘坐飞机游戏（见图5-8）。

他们还画了乘坐飞机流程图，自主选择角色玩游戏，延伸着他们的游戏意图。

图5-8 乘坐飞机游戏

◎飞机遇险怎么办

区域游戏时间，小伍、子骞、小曦一起搭建了一架飞机。小伍突然拿起呼叫机说："暴风雨来了！"驾驶员子骞和副驾驶员小曦大喊起来："收到！收到！飞机遇到危险了……"

小伍说："飞机需要穿过暴风雨！"

子骞说："暴风雨太大啦！怎么办？"

孩子们准备离开飞机。

小曦说："不能跳！太高了！跳下去会摔死的！"

小伍说："飞机失控啦！掉下去啦！"

在回顾游戏的时候，师幼一起讨论了飞机遇险怎么办。孩子们的提问很专业。为此，教师们邀请了已经退休的飞行员爷爷来幼儿园给孩子们分享关于飞机的知识。飞行员爷爷讲述了飞机可能会遇到的危险及危机的处理方法，最后还讲述了“中国机长”的故事(见图 5-9)，告诉小朋友们虽然飞机的造价很高，但是人的生命是最重要的，在发生飞机故障时，首先要保护人的生命；但是机长的使命是要保护大家的安全，要坚守到最后一刻，与飞机共存亡。

图 5-9 飞行员爷爷讲故事

随后的游戏中，小伍、子骞、小曦又在积木区搭建了飞机，玩起了跳伞游戏(见图 5-10)。乘务员小伍说：“暴风雨太大了！我跳伞了。”然后副驾驶员小曦也立刻跳了伞。子骞作为机长并没有跳伞，而是坚定地说：“我要让飞机平稳降落，因为我是中国机长！”子骞操作一番后，边抬高机头边后仰身体说：“飞机通过了暴风雨！”子骞不放弃的精神深深打动了教师们。这让教师们意识到，在活动中，孩子们的亲身体验、探究操作，发展了他们的意志品质；主动性游戏为孩子们播下了一颗小小的种子，埋下了孩子们对航空的梦想。

随着游戏活动的深入，孩子们的飞机开往各个城市，他们甚至想把飞机开到太空上去。教师追随着幼儿的兴趣点，拓展幼儿的探究之路。在随后的游戏中，孩子们还发现了其他的飞行方式：热气球、竹蜻蜓、直升机、火箭……师幼开展了飞行博览会的活动，

图 5-10 跳伞游戏

幼儿积极地介绍自己的发现。家长们也观察到了孩子们的成长。在主动性游戏课程的实施中，教师们通过家园共育、整合教育资源，让幼儿主动收获了丰富的体验。

孩子们在活动中获得了乐趣、成就感，在增长知识的同时，学习品质也有所提升。在主动性游戏课程的实施中，我们看到了孩子对飞机产生的探究愿望。我们试图追随孩子的问题，延伸孩子的兴趣点。整个探究过程是充满生命力、主动性、创造性的。我们顺应、支持孩子的游戏活动，帮助孩子开心创造。

主动性游戏课程：高铁真方便

近期，孩子们对高铁很感兴趣。在游戏时间，他们特别喜欢在积木区搭建高铁和轨道，然后玩起了坐高铁游戏（见图 5-11）。

图 5-11　坐高铁游戏

鹏鹏说："我爸爸放假带我坐高铁去了成都。"

皮皮说："高铁跑得可快了。"

悠悠说："高铁经过大桥喽！高铁经过隧道喽！"

孩子们玩得不亦乐乎。

在晨谈中，孩子们交流着自己乘坐高铁的感受。有的孩子说高铁不会堵车；有的孩子说没坐过高铁；还有的孩子产生了疑问："高铁就是地铁吗？怎样乘坐高铁？"教师们发现孩子们对高铁很有兴趣，但对高铁知之甚少，有些孩子连高铁和地铁都分不清楚。基于孩子们的困惑，教师们开展了主动性游戏课程"高铁真方便"的探究活动。

◎高铁和地铁大不同

在活动开始前，教师们在教室里创设了相应的环境，同时鼓励小朋友和家长搜集相关材料。小朋友们从家中带来了许多物品。鑫鑫带来了《高铁出发了》绘本；香香带来了绘本《高铁下班后》；一晨和才宝带来了高铁和地铁的照片；悠悠、鹏鹏、妙妙带来高铁、地铁的玩具。教师们预设了学习活动——找不同。在学习活动中师幼通过视频、图片进行学习（见图5-12）。孩子们发现了高铁和地铁有着不同的外形特征。

歆羽说："高铁的车头是尖尖的，地铁的车头是方的。"

熙熙说："它们都有一节一节的车厢！"

心蕾问："高铁为什么在桥上？"

小宇问："地铁为什么在地下？"

悠悠说："高铁比地铁快。"

图5-12　研究"高铁"

图5-13　鹏鹏在讲解

鹏鹏说："高铁可以去很远的城市，地铁在西安市里。"

老师发现幼儿的话题仅围绕着高铁和地铁的外形特征、运行时速等方面，幼儿的已有经验还需深入。教师决定引导幼儿继续深入，进一步去获取知识和经验。于是，教师请幼儿与家长再次调查。随后幼儿分享了和父母调查的结果。通过调查，幼儿自己找到了问题的答案。

鹏鹏开始了他的讲解（见图5-13）："我调查了高铁，高铁分为两种，复兴号、和谐号。"

霖霖说："高铁是高压电驱动的，高铁的速度比地铁快得多，因为高铁是超高压电驱动的，地铁是电力驱动的。"

明天说："高铁有75%的时间都是在高架桥上行走的。地铁可以在地下行走，也可以在桥上行走。"

鹏鹏说："这个我知道！爸爸说是因为和谐号和复兴号的速度很快，地面凹凸不平，所以把高铁建在高架桥上，就可以保持稳定。"

孩子们在讨论中，又不断地产生了新的问题。

乙墨问："和谐号和复兴号谁更快？"

鹏鹏接着说："复兴号更快。"

孩子们终于知道了高铁与地铁的区别。在活动中，一些经验丰富的幼儿自然而然地脱颖而出，他们喜欢思考和主动学习。在他们的带动下，其他幼儿也获得了丰富的经验。

孩子们对高铁的兴趣非常浓厚，教师们觉得分享亲子之旅会给课程带来新的经验。

◎不同的出行体验

孩子都有不同的出行体验，大家纷纷带来了旅行照片（见图5-14和图5-15）、车票、旅行日记。教师请孩子们分享自己的乘车体验。

图5-14 出行体验（一）

图5-15 出行体验（二）

米勒说:“我坐高铁去了成都。”

教师问:“去成都的票怎么买呢?”

米勒继续说:“可以在手机上或者在高铁站售票厅买票，要告诉售票员从哪里到哪里。”

豆豆说:“还可以用身份证在自助机上取票。”

教师问:“这样就可以上车了吗?”

今夏说:“要过安检才能进站!”

阿当说:“在上车前可以在候车室等一等，当听到广播以后就可以进站了。上车前还要看清自己的车票上显示的是哪个车厢和座位号。”

乙墨说:“上车后要把行李存好，要注意听广播，别坐过站，到站下车。”

了解了孩子们乘坐高铁的经验后，教师发现有个别幼儿没有高铁体验，于是询问他们是否坐过高铁。可馨说:“老师，我坐地铁去了姥姥家。”教师继续追问:“地铁和高铁的乘坐方法一样吗?”

心蕾说:“坐地铁也要过安检!”

一晨说:“有一个传送带上面有好多行李箱，检察员会用电脑检查一下包里面有没有易燃易爆物品。”

心蕾说:“有一个阿姨拿一个东西，让大人站好，阿姨用那个东西扫扫大人身上，看有没有危险物品。”

悠悠说:“过完安检去买票。”

米乐说:“对！用地铁卡刷。”

沫沫说:“也可以拿手机扫码。”

教师带领他们将乘坐高铁和地铁的经验进行了对比，并用绘画的形式将两种不同的乘坐方式的乘坐流程记录下来(见图5-16)。在游戏中，孩子们也玩起了乘高铁游戏，巩固已有经验，通过多种渠道了解流程。最后，大家还进行班级讨论(见图5-17)，巩固知识。

图 5-16　画流程

图 5-17　班级讨论

◎“和谐号”的诞生

计划时间，幼儿有了搭建高铁的意图。小贤和泽泽仔细观察了高铁的玩具，然后用空心积木进行搭建。他们将空心积木平铺在地上，很快高铁就搭建好了。

今夏说：“车头和车尾都是尖尖的，你们搭得一点都不像！”

于是今夏找来了尖尖的积木摆在了高铁的车头和车尾。

妙妙拿了个方向盘说：“这里没有驾驶室。”

阿当说：“车上还要有餐厅、座位、洗手间、育婴室、厕所。”

在阿当的指挥下，孩子们按照阿当的想法，搭建高铁的餐厅、座位、洗手间、育婴室、厕所。

小贤提议分头工作：泽泽用木棒当作操纵杆搭出了高铁驾驶舱；乐乐在车内摆放高铁座位、洗手间，还有设计好的洗手台；阿当把自己画的标识贴在车里（见图 5-18）；小贤用积木搭建安检机，用 PVC 管拼出扫描仪；还有小朋友忙着涂色（见图 5-19）、搭建车厢（见图 5-20）……高铁终于被孩子们搭建出来了，他们争着为高铁取名字。男孩子想叫“冲锋号”，女孩子觉得叫“公主号”好听，他们争论不休。老师问：“究竟叫什么名字

图 5-18　贴标识

好呢？”泽泽说：“和谐号的车头尖尖的，样子很酷！就叫和谐号吧！”孩子们都赞成泽泽的提议，达成了共识，“和谐号”就此诞生了。

图 5-19　涂色

图 5-20　搭建车厢

◎坐高铁

在游戏中幼儿逐步有了角色意识。小贤说：“我来当高铁司机！”妙妙和小溪说：“我们来当乘务员。”剩下的幼儿选择当乘客，他们一窝蜂地挤进了车厢等着坐高铁旅行（见图 5-21）。

教师们发现他们对于角色的了解非常单一，于是教幼观看了视频《忙碌的高铁》，了解了高铁工作人员的角色及分工。霖霖提议给大家制作工作牌。孩子们用简单的图形符号来表示不同的工作内容，制作了工作牌。

图 5-21　坐高铁

投放工作牌后，在游戏时间，幼儿选择了自己喜欢的角色：小贤依旧选择了司机的角色；沫沫和霖霖选择当乘务员；尉迟选择当售票员；骁贤选择了安检的角色；悠悠选择当闸机口的工作人员……

孩子们愉快地进行着游戏：沫沫和霖霖想找乘务员；其他乘客在高铁里来回走动，争抢座位；小贤大喊“车辆到站了！”，但也没人理会；一晨、心蕾作为列车工程师不知道做什么……

教师们默默地观察着孩子们游戏，并不干预。在回顾时间，教师们和孩子们讨论了遇到的问题，如乘务员和列车工程师不清楚自己的职责以及乘客没有秩序、不遵守乘车规则等。教师们带孩子们一起重温了视频《忙碌的高铁》，再次明确了各角色的工作内容。

在接下来的游戏中，孩子们的角色及任务逐渐明晰。乘务员在乘客上车时会主动核对车票（见图5-22），还给每个椅子贴上座位号，让乘客们按照数字寻找自己的座位，并提醒乘客在车辆行驶时不要来回走动，并从家庭区找来了许多的水果和饮料提供给乘客（见图5-23）。在高铁到站之后，列车工程师一晨和心蕾立刻上来检修。司机小贤在每一次到站时都会提醒乘客上下车。所有乘客拿着身份证和钱买票。乐乐和媛媛直接从售票口走向高铁车厢，骁贤提醒她们说："你们还没安检呢！"两个人便在候车厅等待发车。小贤不断用喇叭提醒他们来检票，这两个迟到的乘客才终于从候车厅过来了……高铁在不同的城市间穿梭着，孩子们的游戏更加生动有趣了。

图5-22　核对车票

虽然"和谐号"的故事告一段落，但我们的课程并没有结束，幼儿的问题还在不断地生成，幼儿的探索也在不断地深入、扩展。幼儿层出不穷的问题会促使他们不断地学习、探索。主动性游戏课程"高铁真方便"从幼儿的兴趣和需求出发，尊重幼儿的想法，鼓励幼儿大胆探索，帮助幼儿积

图5-23　忙碌的乘务员

累经验，激发幼儿学习的积极性和求知欲望，展现了主动学习的力量。

在活动中，孩子们的问题随着他们的发现逐渐复杂，越来越多的疑问促使小孩子们主动询问、主动寻找资料。而在这一次又一次的寻找秘密、发现秘密、解答秘密的过程中，他们学会了更好地去筛选他们想要的、有价值的资料。同时，孩子们也获得了主动学习的经验。

主动性游戏课程：神气解放军

正值祖国七十周年华诞，人们都特别关注阅兵仪式，孩子们也不例外。国庆假期结束，孩子们回到幼儿园，说起了阅兵仪式中的军人。

游戏时间，晨晨、小宇和豆丁在玩具区玩着阅兵游戏，晨晨搭建了天安门广场，然后把乐高小人放在汽车里，从天安门广场开了过去。小宇和豆丁则在天安门广场上展示着自己新组装好的“武器”。不一会，月月走着正步说：“我是解放军！”

晨晨说：“我爸爸就是军人！他是空军。”

豆丁说：“女孩子不是军人！”

月月着急地说：“我看过国庆大阅兵，女兵穿着裙子，走得特别整齐！可神气了！”

其他孩子也纷纷加入了讨论，他们情绪高涨，提出了许多关于军人的问题：军服是什么样子的？军人会用哪些武器？……游戏中教师们发现了孩子们的兴趣点，梳理了孩子们的探究方向。围绕兴趣点，师幼再次观看了阅兵仪式的视频（见图5-24）。孩子们有了更多的探究问题：军人分哪些种类？军人平时有哪些训练内容？碉堡是什么样的？……基于幼儿的共性问题，师幼共同开展调查，带领幼儿走进军人的世界。教师了解到晨晨爸爸是现役军

图5-24　看电视了解军人

人且休假在家，立刻邀请他到幼儿园进行家长进课堂活动，解答幼儿的困惑。

◎认识军人

这天，晨晨爸爸身着军服来到班级，小朋友们一下子被他的服装吸引了。晨晨爸爸通过 PPT 的形式给孩子们介绍了不同的军服。他还告诉小朋友们有不同的军种，如海军、陆军、空军、火箭军……他指指自己的服装说:“我穿的就是陆军的服装，陆军的职责就是保卫中国的领土。海军保护中国的领水，而空军是保护中国的领空。哪里有危险，哪里就有军人。”成成说:“原来军人有这么多种！真的好帅呀!”

晨晨爸爸还介绍了几种中国自主研制的武器装备。幼儿了解了预警机空警 -2000、中华现代驱逐舰 052B、核潜艇 093、战术地地导弹 M-9、洲际弹道导弹 DF-41 等，这些武器装备能保卫我们的国家不受侵犯。很多小朋友都按捺不住地连口说:“太厉害了!”明明问:“有无人驾驶飞机吗?”晨晨爸爸告诉小朋友，军队不仅有无人机，还有激光枪、拐弯枪、排爆机器人等装备。小朋友们听得非常认真，嘴里发出枪炮声。

晨晨爸爸还告诉小朋友，军人要有强健的体格才能驾驭武器装备。他介绍了陆军日常的训练科目，如爬大绳、扛原木、5 公里武装越野、捕歼战斗、快速射击等，还带领小朋友学习站军姿、敬礼、走正步。这次家长进课堂活动激起了小朋友对军人的探究兴趣，军人英姿飒爽的形象已深入童心 (见图 5-25)。

图 5–25　飒爽军姿

◎建碉堡造装备

教师将武器装备的图片投放在区域中，师幼陆续将搜集到的各种玩具枪、坦克、战斗机、战舰等带到幼儿园。在接下来的游戏中，小朋友玩起了对战游戏。游戏中，他们没有藏身之地。教师们发现孩子们缺少游戏场景，经师幼讨论后，大家决定建碉堡。小朋友们相互合作，用空心积木搭建了碉堡。

晨晨说：“碉堡不是木头的颜色，是迷彩的。”

小橙说：“我们可以做解放军的迷彩服，还可以做一些迷彩的图片粘贴在碉堡上隐蔽。可是迷彩色怎么画呢？”

听到孩子们的讨论，老师随即打印了迷彩服的图片放到区域中。

一洁说：“我们需要深绿色、黄色和黑色颜料。”

小雯补充说：“蓝色也可以的。”

他们说干就干，在美工区找到颜料，拿着毛笔在积木上刷了起来。小雯很快发现了问题：大家都在画迷彩色，颜色、笔刷不够用，许多人画出来的色块不均匀。于是，孩子们再次商量，最后决定分工，小雯先用勾线笔画出轮廓，另外三个人一人负责涂一种颜色（见图5-26）。接下来的进程相对顺利，孩子们对自己的作品非常满意。

图5-26　涂迷彩色

成成说：“迷彩图可以贴在大积木上当碉堡的伪装，这样敌人就不会发现我们的藏身之地了。”

龙龙说：“需要制作盔甲来保护大家。”

阿森说：“盔甲要怎么做呢？”

孩子们开始了思考。

教师们发现孩子们在活动中有了新想法，但却遇到了困难，于是带孩子们在幼儿园里走一走、转一转。厨房门口的大纸箱吸引了孩子们的兴趣。

姗姗突然灵机一动：“可以用硬纸箱做盔甲，我们钻到纸箱里。”

“好主意！”大家纷纷附和。

小依说：“纸箱太硬了，老师你可不可以帮我们裁？”

教师们思考后回答：“纸箱有很多，很多小朋友都很想要盔甲，我帮谁呢？”

晨晨说：“老师，我可不可以把纸箱带回去？我爸爸会做盔甲。”

晨晨的话提醒了其他小朋友，大家都想将纸箱带回家做盔甲。

接下来的几天，孩子们白天在幼儿园里玩碉堡游戏，晚上在家和父母制作盔甲。最后，孩子们将制作好的盔甲带过来，各种款式的盔甲放满了活动室的一角。大家激动地惊呼："哇！""好厉害！""我的盔甲还有个盾牌呢！""我的才棒呢，有个头盔，可以保护脸部。"大家穿上迷彩服和盔甲，可神气了（见图 5-27、图 5-28）。

图 5-27　穿上迷彩服了

图 5-28　穿上盔甲了

大多数孩子都造好盔甲后，孩子们发现武器不够用，无法战斗。孩子们求助于教师，教师将问题抛回给幼儿。于是，他们用现有材料——报纸团纸球来当作武器。晨晨的爸爸还和孩子一起用牛奶箱做了纸箱坦克到幼儿园玩，他们做的坦克还有履带呢（见图 5-29）。孩子们穿上盔甲进行战斗，感受着游戏的乐趣（见图 5-30）。

图 5-29　爬坦克履带

图 5-30　开始战斗

◎训练与对战

玩了几次战斗游戏后，有小朋友提出："迷彩盔甲很威武，但是战斗时不太方便，还容易坏，还是穿迷彩服更方便。"

教师们预设了学习活动——迷彩服。小朋友们了解到迷彩服是一种利用颜色色块，使士兵形体融汇于背景的伪装性军服。迷彩服有航空迷彩服——蓝、白、褐色等，空军使用；有荒漠迷彩服——土黄、白色等，陆军冬季训练时使用；有丛林迷彩服——绿、褐、黑、黄色相间，陆军夏季训练时使用；此外，还有城市迷彩服、高原荒漠迷彩服。

老师按需购买了迷彩服，投放在区域里。孩子们自主选择了迷彩服。孩子们穿上服装以后战斗激情高涨。他们发现有两组迷彩服装，便穿上服装，拿着玩具机关枪、手枪，搭建堡垒，玩起了对战游戏（见图 5-31）。

图 5-31　对战游戏开始了

游戏时间，孩子们自动按服装分成两队，分别扮演陆军和空军（见图 5-32）。每组队员围在一起选出队长，商讨作战计划，再完善堡垒，相互对战。战斗非常激烈（见图 5-33），孩子们一边隐蔽，一边伺机进攻，嘴里发出"突突突"的枪声。有的孩子站起来扔"炸弹"；有的用胳膊上的"对讲机"联络队长，请求支援；还有的运送装备……大家玩得乐此不疲。

图 5-32　分队开战

图 5-33　激烈的战斗

男孩非常专注地投入激烈的战斗。女孩子有的参加着战斗；有的帮忙恢复被炸毁的堡垒；还有的当女子仪仗兵进行队列练习。女兵们腰杆挺得笔直，像模像样（见图 5-34）。

图 5-34　敬礼

回顾时间，教师们请幼儿分享精彩的游戏内容（见图 5-35）。晨晨说：“我们要打赢对方，除了武器，还需要地图。”随后的游戏中，孩子们增加了许多材料，有地图、望远镜等，不断深化游戏内容。

图 5-35　游戏分享

随后的游戏中，小战士觉得对战场地太小，很容易碰到别人，建议教师带小朋友们去操场玩。教师们顺应幼儿的要求，预先规划了场地，与幼儿商量搭建军事基地的器械。有的幼儿说士兵需要爬泥地，因此需要垫子；有的幼儿说士兵需要跳高台，要搭建高台；还有的幼儿提到了钻洞、走小桥等内容。教师提出问题："谁来搭建这些项目呢？"幼儿自发选择组成搭建小组。教师还请幼儿考虑安全事项等问题。

随后师幼的军事基地转移至操场，小朋友们分别设置了封锁线（见图 5-36）、独木桥、轮胎圈、手榴弹投掷区等。孩子们突破重重困难通过挑战（见图 5-37），脸上浮现出胜利的喜悦。最后两组不分输赢。

图 5-36　穿越封锁线

图 5-37　通过挑战

◎军事武器大探秘

随着对战游戏的不断升级，孩子们开始对武器产生了浓厚的兴趣。

这天，有小朋友提出：迷彩服那么多种，是从哪种动物身上学来的呢？孩子们激烈地讨论着（见图 5-38）。于是，我们决定进行"军事武器大探秘"。

教师请幼儿再次与家长调查，在制作武器装备的过程中人们学习了动物的哪些本领。这天大家开始武器讲解（见图 5-39）。成成拿出自己带来的玩具飞机对大家说："我这个空军飞机用的雷达设备，是接收信号用的，是人类从蝙蝠身上学习的！"

图 5-38　讨论

妮妮说："我带来的是战略核潜艇图片，它是核武器的一种，携带导弹，可以长时间藏在海里不被发现。"

一哲说："我调查了鹰眼系统导弹。这种导弹能自动寻找、跟踪攻击。”

成成说：“我知道‘昆虫’飞行器，它们跟蜻蜓一样灵活敏捷，而且定位像蜜蜂一样准确。”

晨晨说：“我查到雷达是利用蝙蝠的声波反射制成的，信号强度很高。”

图 5-39　武器讲解

豆丁补充说：“我和爸爸还查到了蜘蛛丝可以用来制作防弹衣，因为它重量很轻、防弹性能很好。”

孩子们在调查中发现人类从动物身上受到了很多启发，发明了很多新式武器。教师们请幼儿说说自己想设计的物品。

小洁说：“我想设计一个猫爪戴在手脚上，这样从高处跳下来时就不会疼。”

子俊说：“我想设计一副眼镜，这副眼镜能让我们在夜里看清东西。”

教师鼓励孩子们将奇思妙想画下来。在接下来的讨论交流中，孩子们了解到虽然人类研制的新式武器越来越多，但是武器是用来保护人类和平的。老师说：“虽然我们现在的生活很幸福，吃得饱、穿得暖，可是世界上还有很多的人在经历着战争。”于是，我们和孩子们一起观看了战争的相关视频。妮妮说：“那些孩子真可怜，真希望世界上不要有战争。”一哲说：“我想当一名军人，保护世界！”孩子们萌发了想要当军人的愿望，希望世界能够永远和平。

◎最可爱的人

有一次，小薇问老师：“那不打仗的时候，军人在做什么呢？”孩子们有的说军人一定每天都在训练，有的孩子说他们可能在研制新的武器。于是我们通过图片和视频，介绍了当发生地震、洪水、恐怖袭击等重大事件时，解放军总是第一时间保护人民的生命财产安全；他们不怕苦、不怕累，甚至牺牲生命来完成祖国赋予他们的使命（见图 5-40）。在观看维和部队的片段时，孩子们看到中国军人为世界和平所做出的事情，都钦佩不已。当看到空军飞行员王伟为保卫中国领空而英

图 5-40　讲述军人的故事

勇牺牲时，孩子柔软的情感被触动了，有的孩子还感动地流下了泪水。

斌斌说："军人是英雄！"

玥玥说："你们辛苦了，我爱你们！"

阿哲说："下次我在新城广场见到军人，我会给他敬个礼！"

龙龙说："我长大了，也要当军人保卫祖国！"

妮妮说："老师，我还会唱《长大要当解放军》呢，是我姥姥教我的。"孩子们稚嫩真诚的话语打动了我们。于是，师幼学唱了歌曲《长大要当解放军》。学唱这首歌曲，让幼儿感受到了军人勇敢、坚毅、忠诚的品质。

结合国庆节主题教育活动，教师开展家园共育，鼓励家长带幼儿去红色基地参观，给幼儿提供一些实践经验。放假的时候，有的幼儿与父母去了革命圣地旅游；有的听父母讲述了革命英雄的故事；有的参观了军事博物馆；还有的观看了升旗仪式。孩子们带回来了与国旗的合影和旅游的照片，分享了自己的体验（见图 5-41）。

图 5-41　分享体验

主动性游戏课程结束后，孩子们还经常聊起关于军人的话题，中国军人的形象在孩子们的心里留下深刻的烙印，中国军人的精神深深地鼓舞着小朋友们。

主动性游戏课程：身体的秘密

经过了一个假期，孩子们来到幼儿园见到彼此都欣喜不已。冬冬惊奇地发现自己比好朋友欣欣高出了不少。冬冬对教师说："老师！放假之前欣欣比我高，现在我比她高啦！"听冬冬这么一说，其他的孩子也都比起了高矮（见图5-42）。毛豆说："我也长高了，我的衣服和裤子都小了。"糖糖笑着说："衣服小可能是因为长胖了吧！"……教师观察到孩子们对自己及同伴长高、长胖的现象产生了明显的兴趣，关于长大、长高的话题讨论得也越来越多。教师们决定围绕孩子们的共性需求，延伸孩子们的兴趣，支持他们的探索。教师向幼儿发放身体调查表，请家长记录幼儿想了解的内容。教师归类、整理、预设了学习活动，投放了生长对比图等材料，支持幼儿探索。

图5-42 比高矮

◎我长大了

晨谈活动时，师幼围绕"你是怎么发现自己长大了"的问题展开讨论。针对孩子们的兴趣点，教师预设了一次学习活动。教师请家长准备了每一个孩子不同时期的照片。教师拿出了一张自己小时候的照片，请他们猜一猜照片上的人是谁。乐乐说："感觉有点像杨老师。"经过几番争论，大家最后一致认为照片上的人就是杨老师。孩子们好奇地看着照片，开心地说："老师小时候真可爱啊。"教师提问："你们有没有小的时候呢？你们能认出自己小时候的样子吗？"教师给孩子们看了他们不同年龄阶段的照片，幼儿对比后发现了很多有趣的事情，例如个子高了，头发长了，衣服大了，懂得更多知识了，饭量更大了。冬冬还拿来了自己小时候的衣服和鞋子（见图5-43）。冬冬说："这些都是我小时候穿过的，现在已经穿不下了。"

青青说："这张照片是我刚学会走路的时候。这张是我刚来幼儿园的时候。这

图 5-43 展示幼时用品

张是现在的我。”

教师提问：“除了外形变化了，还有哪些方面也发生了变化呢？”

多多说：“我学会了好多本领。”

舒雅说：“我学会了下象棋，现在还可以帮妈妈买菜。”

教师追问：“哪些本领是你们会做而小班的弟弟妹妹不会的呢？”

米豆说：“我在吃饭的时候会自己盛菜盛饭，小班的弟弟妹妹不会。”

欣欣说：“睡完午觉起床后我会自己叠被子。”

孩子们明白了，长大不仅带来了身体的变化，还提升了能力、丰富了经验。

接着，教师以课件的形式展示了孩子从妈妈肚子里来到这个世界上慢慢长大的视频。小朋友们了解了生命的成长，体会到了妈妈的辛苦。在孩子们不知情的情况下，教师还准备了父母录制的视频。父母在视频里讲述了小朋友们小时候的趣事及父母的期望。小朋友们体会到成长的过程很有趣，长大的自己很能干。教师还请小朋友们画画长大的自己，说说自己的本领，说说自己与众不同的一个特点。在这个过程中，每个孩子都学会了认可自己、接纳自己、肯定自己。

◎换牙了

这天，毛豆捧着一颗牙跑到教师面前：“老师！老师！我的牙齿掉了。”毛豆的声音里带着恐惧！教师用纸将牙齿包起来安慰道：“别怕，你开始换牙了！这证明你长大了！”教师发觉这是很好的教育契机，于是预设了学习活动——换牙了。孩子们交流着自己关于换牙的经验。

梓霖琳说：“我的这颗牙活动好几天了。”

苏苏说：“我妈妈说掉了牙不能舔，要不新牙长不出来。”

昌玉说：“我奶奶说掉了下牙要往上扔。”

……

大部分孩子已经对换牙的现象产生兴趣，于是教师基于孩子的兴趣与需求开展了与牙齿相关的活动，和他们就牙齿的话题展开了谈话（见图 5-44）。

图 5-44　展开关于牙齿的对话

青青说："如果不刷牙的话，就会有虫子把你的牙齿给蛀掉，牙齿就会变成黑色的。"

苏苏说："蛀牙会让牙齿上面有黑色的小洞洞。"

恩熙说："牙齿分乳牙和恒牙，小朋友的牙齿是乳牙，爸爸妈妈的牙齿是恒牙。"

图 5-45　讨论和分享

通过谈话，教师了解到孩子们每天都会刷牙，但并不喜欢刷牙；还有的孩子会忘记刷牙。于是，教师们设计了"牙齿知多少"调查问卷，请家长和孩子一起用图文结合的形式帮助孩子记录。第二天，孩子们带来了调查问卷进行分享（见图 5-45）。

糖糖说："我们的牙齿有中切牙、侧切牙，它就像锋利的刀，把食物切开来；还有尖牙，它又叫犬牙或者虎牙；最后还有像粉碎机一样的磨牙，可以把食物磨碎。"

霜霜说："牙齿如果不健康

会影响到我们的身体健康。”

菲菲说：“换牙以后不能舔牙齿，不然牙齿长出来就不整齐了。”

梓霖说：“保护牙齿要少吃甜食，勤刷牙，饭后漱口。”

欣欣补充道：“还可以去医院涂氟，加固牙齿。”

冬冬说：“我调查发现，人的一生有两副牙齿，一副叫乳牙，一副叫恒牙。我们现在掉的牙齿都是乳牙，乳牙掉了，恒牙就长出来了！”

教师问：“那乳牙和恒牙有什么不同呢？”

昌玉说：“恒牙比较大，乳牙比较小。”

乳牙和恒牙究竟有什么不同呢？怀揣这一疑问，教师又进行了新一轮的牙齿小调查。通过调查，孩子们有了以下发现：

(1) 爸爸妈妈的牙齿数量和小朋友的牙齿数量不一样。成人的牙齿比较多，小朋友的牙齿比较少。成人有30多颗牙齿，小朋友有20多颗。

(2) 成人的牙齿大大的，小朋友的牙齿小小的。

(3) 成人的牙齿看起来更加坚固。

师幼从牙齿的数量、形状、颜色、疏密程度、磨损程度及蛀牙情况等方面了解了乳牙和恒牙的不同。有了这么多的发现，小朋友们终于学会了怎么区分它们。例如：恒牙的牙齿和牙齿之间比较紧，乳牙的比较松；乳牙比较白，恒牙有点黄……孩子们在分享交流了自己的调查结果后，逐渐意识到牙齿对身体的重要性，并总结出吃什么样的食物有助于牙齿的健康。最后，苏苏和大家分享了自己带来的绘本故事《牙齿大街的新鲜事》。有趣的故事情节让孩子们清楚地了解了刷牙的好处，而且知道了不刷牙造成的龋齿会对身体造成伤害。活动结束后，孩子们在餐后漱口环节和早晚刷牙环节都变得更加自觉了。

◎在人体中游览

教师持续观察着幼儿对身体探究的兴趣，投放了许多这方面的绘本。孩子们对身体的话题也越来越多。这天，梓霖从家里带来了《神奇校车——在人体中游览》一书。区域时间，几个孩子和梓霖围在一起分享了他带来的绘本，绘本当中奇妙的故事情节深深地吸引着孩子们。梓霖模仿着故事当中的情景说：“大家准备好！我们要被吞掉啦！”过了一会儿梓霖说：“我们到达胃里啦！大家小心！胃里有胃酸！我们要保护好自己！”

经过观察，教师发现，在游戏过程中，孩子对于身体内部的结构并不是很了解，并不清楚一些器官的名称。

菲菲说：“原来食物通过食道进入胃里，它并不是一下子就掉下去了，而是像挤牙膏一样！”

昌玉说：“原来小肠也消化食物。”

恩熙说：“原来身体里这么多东西，它们都有不同的用处，一个也不能少。”

教师们观察着孩子们的活动，倾听着他们的需求。随后，一个人体半身模型悄悄出现在了班级里。游戏时间，孩子们将半身模型围了起来。大胆的苏苏拿出一个心脏模型，自言自语道：“原来心脏长这个样子。”其他小朋友也拿起了其他模型，教师则陪着孩子们，给他们介绍器官名称。

过了几天，孩子们提议做一个半身模型。梓霖说：“我们的模型缺少外壳！”于是，大家在教室里寻找材料，最终请老师帮忙用 KT 板刻出了人体的外形（见图 5-46）。幼儿开始分工合作：菲菲用水彩笔在 KT 板上画出了长长的食道，用不同颜色的彩笔画出了气管；欣欣找来粗软管充当大肠和小肠，找来毛线充当小肠的绒毛；昌玉画出胃和肝的样子，用剪刀剪下来；霜霜用泡泡泥捏出了大脑和心脏……大家将制作好的器官请老师帮忙固定在 KT 板制作的身体外壳上。在制作过程中，孩子们探究了身体里面的秘密。通过这次体验，孩子们学到了许多人体知识，了解了食物被消化的全过程，明白了人体的内部构造和各种器官，满足了自己的好奇心。

图 5-46　用真人做模特画人体外形

◎骨骼的秘密

孩子们知道了身体各器官的名称，发现了软组织和肌肉的秘密。这天，教师带来了一张 X 光片。发现新材料后，孩子们讨论起来。

昌玉说："这是骨头，人有肌肉，还有骨头。"

糖糖说："腿骨折了就不能走路了，骨头很重要！"

教师的意图材料激发了孩子们进行深入探究。与此同时，幼儿围绕骨骼有了新的兴趣和想法，师幼及时进行了讨论。

菲菲说："人长高，骨头也会长高。"

恩熙说："人的身体里到处都是骨头。"

青青说："人的头顶的骨头很硬，可以保护大脑。"

图 5-47　搭建骨骼模型

听了孩子们的话，教师发现幼儿对骨骼很感兴趣，但已有经验较少。随后教师投放了各个身体部位的 X 光片，让幼儿认识不同身体部位的骨骼。(见图 5-47) 小朋友发现了手骨由有许多小骨头组成 (见图 5-48)，肋骨看上去排列整齐，胳膊和腿的骨头大且粗，而头骨像一个壳子。老师也介绍了相关知识 (见图 5-49)。

图 5-48　通过 X 光片认识骨骼

一天，青青问老师："骨头是怎样固定在一起，让身体动起来的呢？"这个问题引起了其他孩子的注意。对于幼儿来说，这个问题还是具有一定挑战性的。问题提出以后，他们都在满怀激情地猜测着。教师预设了活动——有趣的关节，让幼儿边活动，边体验身体各个部位的关节。最后老师在图片上标注了关节的名称。小朋友们觉得关节太神奇了。教师反问幼儿："没有关节身体会怎么样？"教师还请幼儿模仿木头人走一走，幼儿觉得学木头人走路太难受了。师幼一起讨论保护关节健康的重要性。

◎骨骼受伤了

一天中午，恩熙手里拿着一张 X 光片，急匆匆地跑到老师身边。

恩熙说："老师，你看这个！骨头裂了。"

老师说："哦？我看看！"老师拿起来一看，这是一张骨裂 X 光片。

菲菲说："这个是受伤的骨头！我奶奶以前胳膊就曾骨折过。"

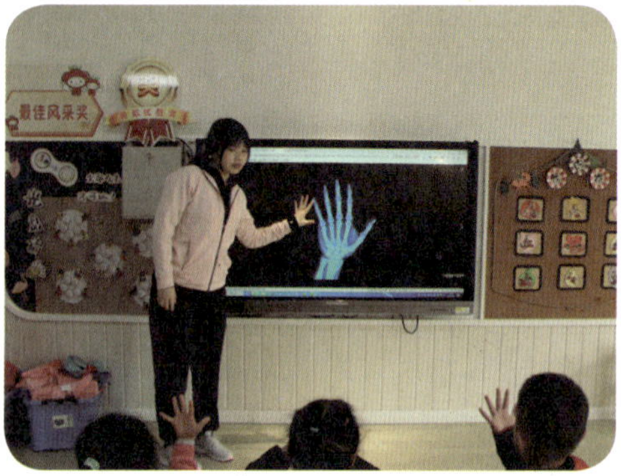

图 5–49　通过 X 光片认识手部骨骼

这下，立即围过来许多幼儿，他们都很好奇地问菲菲："骨头断了疼吗？钉子怎么放进去的？"带着孩子们的问题，教师决定组织幼儿讨论有关骨折和保护骨骼的活动。在讨论中，孩子们说：手骨折了很疼，不能拿东西；腿骨折了人就不能行走了……根据孩子们的兴趣，教师邀请了当骨科医生的家长来到幼儿园，详细介绍骨骼，分享保护骨骼的方法。教师利用医生家长这个资源激发了孩子们积极探索的兴趣，深化了幼儿的学习。活动结束后，孩子们纷纷交流了保护骨骼的方法，例如：不做危险的动作；要多喝牛奶晒太阳；多运动；多做有利于身体的锻炼；不喝碳酸饮料；不能跷二郎腿……他们还提议将这些办法画出来告诉更多的小朋友。于是，孩子们画了许多保护骨骼的小纸条，教师随后将幼儿制作好的小纸条粘贴在了主题墙上。

◎动物的骨骼

小朋友的问题总是千奇百怪。一天，糖糖问老师："猫有骨头吗？我家猫的身体摸起来硬硬的，那里面应该是骨头吧。"教师肯定了她的想法，请她把想法讲给大家听。孩子们纷纷说："动物都是有骨头的。"教师不着急否定他们的猜想，而是让孩子们再次与父母调查。

幼儿对探索骨骼依然充满兴趣，在区域中游戏的小朋友们争论不休。

昌玉说："人的脊椎骨的块数与长颈鹿的块数是一样的。"

梓霖说："才不一样！长颈鹿的脊椎骨可比人类的多多了！"

孩子都分享了自己的调查结果：长颈鹿的脊椎骨和人的椎骨是一样多的，只不过长颈鹿的脊椎骨更大；人的颅骨比面骨大，动物正好相反，因为人类的大脑比动物的大脑大，所以更聪明；黑猩猩的骨骼和人类的是一样的，但是黑猩猩更加强壮；大部分哺乳动物的骨骼都是一样的，但有一些动物没有骨骼。

教师和孩子们就有脊椎动物和无脊椎动物展开讨论。

梓霂说："有脊椎动物就是可以立起来走动的。"

舒雅说："有脊椎动物就是身体硬硬的，无脊椎动物就是身体软软的。"

教师投放了介绍脊椎的书籍来丰富孩子们的经验，用比较归类的方法帮他们梳理了相关知识。孩子们在游戏时会模仿不同动物行走的样子，还尝试在美工区捏泥。小朋友们做的骨架小人非常有趣。师幼的学习过程是互动的过程，幼儿给予教师反馈，教师给予幼儿回应。

在这一主题活动中，教师带孩子们了解了人体生长的秘密；让幼儿在探究中明晰方向，通过讨论、调查、梳理、总结，让他们自己寻找答案，从中学到了许多人体科学知识，了解了食物被消化的全过程，明白了人体的内部构造，以及各种器官、组织和细胞的作用……

孩子的兴趣点就是课程的探究起点，教师与幼儿一起发现问题、解决问题、获得答案，共享成功与快乐。在主动性游戏课程中，教师追随孩子的问题，发现了许多有价值的内容。教师延伸了幼儿的兴趣点，推动了幼儿自主探索，让幼儿主动建构知识经验。幼儿不仅仅是课程的实践者，而且是生成者和创造者。在主动性游戏课程中，生活即课堂，问题为导向，探究为方式，体验为目标，而让幼儿在有意义的学习中获得成长是教师们的最终目标。

参考文献

◎ 黄进 . 游戏精神与幼儿教育 [M]. 南京：江苏教育出版社，2006.

◎ 刘焱 . 儿童游戏通论 [M]. 北京：北京师范大学出版社，2004.

◎ 秦元东，王春燕 . 幼儿园区域活动新论：一种生态学的视角 [M]. 北京：北京师范大学出版社，2008.

◎ 任然 . 幼儿园教师在课程实践中“追随儿童”的现状研究 [D]. 南京：南京师范大学，2020.

◎ 上海市教育委员会 . 上海市学前教育课程指南（试行稿）[M]. 上海：上海教育出版社，2004.

◎ 向海英 . 学前教育课程创生研究 [D]. 济南：山东师范大学，2010.

◎ 叶明芳 . 自主性区域游戏环境的创设与材料投放策略 [J]. 学前教育研究，2015，(2)：70-72.

◎ 邹海瑞 . 基于游戏的幼儿园教与学研究 [D]. 上海：华东师范大学，2017.

◎ JOANNE HENDRICK. 学习瑞吉欧方法的第一步 [M]. 李季湄，施煜文，刘晓燕，译 . 北京：北京师范大学出版社，2002.